Elementarwissen: Deutsche Grammatik

Wolf-Dietrich Jägel

Ferdinand Schöningh
Paderborn

Inhalt

ISBN 3-506-25100-7

Einführung

Das langsame Sterben der „Mariann“

Begehrtes Fotomodell auf Sylt (Westerland) ist „Mariann“, ein alter Schoner, der seit nun schon zwölf Jahren im Watt zwischen Munkmarsch und Kampen liegt. Ein Geisterschiff, mit dem der letzte Rest einer längst verklungenen Windjammer-Romantik zu Grabe getragen wird. Immer wieder kommen Urlauber ans Watt, um das alte Schiff zu fotografieren. Manche versuchen sogar, bei Ebbe zur „Mariann“ zu gehen, was gefährlich sein kann, wie die Polizei warnt.

(Die Welt, HH-Nachrichten, Nr. 162, 16. 7. 1975)

Dieser Text besteht aus Sätzen, Satzgliedern, Wörtern, Silben, Buchstaben und Lauten.

E 01 **Satz**

Der Satz besteht aus Wörtern, die sich zu einem Sinnganzen zusammenfügen:

Begehrtes Fotomodell auf Sylt ist „Mariann“.

Satzglied (siehe S 03 – S 40)

E 02 **Wort**

Ein gesprochenes Wort ist eine Lautgruppe, ein geschriebenes eine Buchstabengruppe, die einen Bedeutungsinhalt besitzt:

Fotomodell Geisterschiff gefährlich

E 03 **Silbe**

Eine Silbe ist Teil eines Wortes. Bei der Silbentrennung beachten wir die Sprechsilben:

Ta-ges-zei-tung Ur-lau-ber

Nur die Stenographie trennt nach Sprachsilben:

Tag/es/zeit/ung Ur/laub/er

E 04 **Buchstabe**

Den kleinsten Bestandteil eines geschriebenen Textes nennt man Buchstabe. Man spricht auch von einem Graphem. Dieses kann durch verschiedene Ausformungen, die Allographen, abgebildet werden. Die konkrete Erscheinung nennt man dann Graph.

E 05 **Laut**

Die kleinsten Bestandteile der gesprochenen Wörter nennt man Laute.

Anlaut: **W**indjammer
Inlaut: Sch**i**ff
Auslaut: Romanti**k**

Lautlehre (Phonetik)

L 01 **Das Alphabet**

Das deutsche Alphabet besteht aus 26 Buchstaben. Hinzu kommen drei Zeichen für die Umlaute:

A	a	(ah)	H	h	(hah)	O	o	(oh)	V	v	(fau)
B	b	(beh)	I	i	(ih)	P	p	(peh)	W	w	(weh)
C	c	(zeh)	J	j	(jott)	Q	q	(kuh)	X	x	(ickß)
D	d	(deh)	K	k	(kah)	R	r	(err)	Y	y	(üppßilon)
E	e	(eh)	L	l	(ell)	S	s ß	(eß, eßzett)	Z	z	(zett)
F	f	(eff)	M	m	(emm)	T	t	(teh)			
G	g	(geh)	N	n	(enn)	U	u	(uh)			

Umlaute: Ä ä (äh) – Ö ö (öh) – Ü ü (üh)

L 02 **Vokale und Konsonanten** (Selbstlaute und Mitlaute)

Einige dieser Buchstaben stehen für Vokale. Sie werden ohne Zuhilfenahme eines anderen Lautes artikuliert:

a e i o u (y)

Weitere Vokalzeichen sind die o.a. Umlautzeichen.

L 03 **Diphthonge** (Doppellaute)

Man nennt sie auch Zwielaute:

au äu (eu) ei (ai ey ay)

L 04 **ß**

Das ß entstand aus der Zusammensetzung von s und z.

L 05 **Konsonantenverdoppelung**

Die meisten Konsonanten können verdoppelt werden.
Nur k schreibt man als ck, bei der Trennung jedoch k-k.
z kommt nur in Fremdwörtern verdoppelt vor: Pizzeria
In deutschen Wörtern wird z zu tz verdoppelt: Tatze

L 06 **Laute** (Besonderheiten)

Buchstaben sind Schriftzeichen. Ihre Zahl entspricht nicht der weitaus höheren Zahl der Laute.

Buchstabe = Laut: k l n r t

Buchstabe = Doppellaut: x = ks (Taxi) z = ts (Heizer)

Buchstabengruppe = Laut: sch ch ng (Schwächung)
st im Anlaut (Störung)

Buchstabe = verschiedene Laute: c = z (Centrum) c = k (Camping)
ch = k (Chor) ch = sch (Chanson)

Ein Laut = verschiedene Buchstaben: chs = x = ks (Wachs, mixen, Klecks)
ph = f (Phantasie)

L 07 **Phonem**

Phoneme sind die kleinsten bedeutungsunterscheidenden Einheiten des Sprachsystems

Sand → Land /s/ und /l/ sind Phoneme
Mauer → Bauer → Dauer → Lauer /m/ und /b/ und /d/ und /l/ sind Phoneme

Häufig wirken mehrere Phoneme zusammen, um eine Bedeutungsänderung hervorzurufen.

Welt → Werk /l/ + /t/ und /r/ + /k/ sind Phoneme

L 08 **Phon**

Das Phon ist das kleinste Segment der Rede. Es entspricht dem, was man gebräuchlich als „Laut" bezeichnet.

Dem Phonem steht also das Phon als Einheit des Sprachgebrauchs gegenüber.

Im Gegensatz zur feststehenden Anzahl der Phoneme ist die Anzahl der Phone nicht genau zu bestimmen. Es ist nicht möglich, exakt anzugeben, wo ein bestimmter Laut anfängt bzw. aufhört, da, individuell unterschiedlich, die Grenzen zwischen den einzelnen Lauten verschwimmen.

Wortlehre (Morphologie)

W 01 Die Wortlehre betrachtet das Verhalten der Wörter im Satz. Die Satzlehre untersucht die Bauweise der Sätze. Die Frage, inwieweit ein Satz sinnvoll (grammatisch) ist oder nicht, wird auch von der Wortbedeutungslehre, der Semantik, beantwortet. Die Bedeutung der Wörter erschließt sich erst im Satze voll.

W 02 Flexible (beugbare) und inflexible (unbeugbare) Wörter:

er schwimmt	hier
der Schnellere	auf
diesem	hallo

Flexible Wörter lassen sich entweder konjugieren oder deklinieren.

W 03 Die konjugierbaren Wörter nennt man Verben. (siehe W 07–W 41)

W 04 Zu den deklinierbaren Wörtern gehören:

Das Nomen (Substantiv, Hauptwort) (siehe W 42 ff.)
der Torwart   die Wiese   das Spiel

Das Adjektiv (Eigenschaftswort) (siehe W 47 ff.)
fröhliche Menschen   *bunte* Kleider

Das Pronomen (Fürwort) (siehe W 52 ff.)
dieser   unser   welcher

Der Artikel (Geschlechtswort) (siehe W 61 ff.)
der   die   das   ein   eine   ein

W 05 Inflexible Wörter (Partikeln) sind:

Das Adverb (Umstandswort) (siehe W 63 ff.)
sehr   morgen   oben

Die Präposition (Verhältniswort) (siehe W 71 ff.)
auf   in   gegen   wegen

Die Konjunktion und Subjunktion (Bindewort) (siehe W 76 ff.)
und   oder   weil   ob

Die Interjektion (Ausrufewort) (siehe W 80)
hei   au   aha

W 06 **Übersicht: Wortarten**

flexibel – beugbar		inflexibel – unbeugbar
konjugierbar	deklinierbar	sog. Partikeln
Verb	**Nomen** **Adjektiv** **Pronomen** **Artikel**	**Adverb** **Präposition** **Konjunktion, Subjunktion** **Interjektion**

Das Verb (Zeitwort)

W 07 Verben bezeichnen Tätigkeiten: Urlauber kommen ans Watt.
Vorgänge: Gestern stürmte es.
Zustände: Dort liegt die „Mariann".

Die Beugung des Verbs nennt man Konjugation.

W 08 **Tempora (Zeitformen)** (im einzelnen siehe W 15ff.)

Präsens (Gegenwart): ich fotografiere
Perfekt (Vollendete Gegenwart): ich habe fotografiert
Präteritum (Vergangenheit): ich fotografierte
Plusquamperfekt (Vollendete Vergangenheit): ich hatte fotografiert
Futur I (Zukunft): ich werde fotografieren
Futur II (Vollendete Zukunft): ich werde fotografiert haben

W 09 **Finite und infinite Verbformen**

Präsens und Präteritum sind finite Verbformen: Sie verändern sich bei der Konjugation.

V fin	ich komme	ich kam
	ich arbeite	du arbeitetest

Perfekt, Plusquamperfekt, Futur I und Futur II sind zusammengesetzte Verbformen. In ihnen bleiben Formen des infiniten Verbs, auch wenn das Tempus geändert wird, unverändert.

V infin	Infinitiv:	arbeiten
	Partizip Perfekt:	gearbeitet
	(Partizip Präsens):	arbeitend

Beispiel: du wirst *arbeiten*
er hatte *gearbeitet*

W 10 **Person und Numerus**

Die Sprechrichtung setzt an:
beim Sprechenden (1. Person): ich, wir
beim Angesprochenen (2. Person): du, ihr
beim Besprochenen (3. Person): er, sie, es, sie

Numeri sind

Singular (Einzahl)	Plural (Mehrzahl)
ich, du, er, sie, es	wir, ihr, sie

W 11 **Genera verbi** (Sehrichtungen), Aktiv und Passiv

Aktiv (Tatform)
Die Handlung wird vom Täter, vom Subjekt her gesehen:
Ich fotografiere.

Passiv (Leideform)
Die Handlung wird vom Betroffenen, vom Objekt her gesehen:
Ich werde fotografiert.
Dabei kann es sich um ein angenehmes Betroffensein handeln:
Ich wurde sehr gelobt.

W 12 Vorgangspassiv (Personalform von werden + Part. Perf.)

Er wird freigesprochen. – Er ist freigesprochen worden.

Hier wird der Ablauf, der Vorgang hervorgehoben.

W 13 Zustandspassiv (Personalform von sein + Part. Perf.)

Er ist darüber erfreut. – Er ist erfreut gewesen.

Hier denkt man mehr an den schließlich eingetretenen Zustand.

W 14 **Modi** (Aussageweisen)

Indikativ (Wirklichkeitsform)	Konjunktiv (Möglichkeitsform)	Imperativ (Befehlsform)
Er kommt.	Er käme.	Komm! Kommt!

W 15 **Näheres zu den Tempora**

W 16 **Präsens** (Gegenwart)

Es bezeichnet etwas in diesem Augenblick Geschehendes:

Ich *wandere* zum Geisterschiff.

Es bezeichnet als Präsens historicum etwas Vergangenes:

Gestern *wandere* ich so für mich dahin, da ...

Es bezeichnet auch Zukünftiges:

Morgen *wandere* ich zum Geisterschiff.

Schließlich drückt es die dauernde Wiederholung aus:

Die Musik *spielt* immer um neun Uhr.

W 17 **Präteritum** (Imperfekt, Vergangenheit)

Das Präteritum drückt stets Vergangenes aus:

Sie *wanderten* gestern zum Geisterschiff.

Präsens und **Präteritum** werden aus dem Wortstamm gebildet. Es sind finite Verbformen (W 09).

Im Präsens ändert sich manchmal der Wortstamm:

ich messe, du m**i**ßt; ich st**e**hle, du st**ie**hlst (Infixe)

Beim Präteritum unterscheidet man:

schwache Verben (Verben ohne Ablaut)

starke Verben (Verben mit Ablaut)

Kennzeichen der schwachen und starken Konjugation

(Nur wenige Verben werden gemischt oder unregelmäßig konjugiert)

schwache Konjugation	starke Konjugation
1. Der Stammselbstlaut des Infinitivs (der Grundform) bleibt in allen Formen unverändert. 2. Die Endungen des Präteritums (der Vergangenheit) beginnen mit **-t** oder **-et.** 3. Das Partizip Perfekt (Mittelwort der Vergangenheit) endet auf **-t** oder **-et.**	1. Der Stammselbstlaut wird durch Ablaut (das ist der gesetzmäßige Wechsel des Stammvokals) oder Umlaut verändert. 2. Die 1. und 3. Person des Präteritums – Indikativ (der Vergangenheit) bleiben ohne Endung. 3. Das Partizip Perfekt (Mittelwort der Vergangenheit) endet auf **-en.**
Beispiele: **mal**en – mal**te** – ge**malt** **ord**nen – ordn**ete** – geord**net**	Beispiel: **sing**en – sa**ng** – gesung**en**; er s**ä**nge

Ablautreihen

Bei der Bildung der verschiedenen Zeitformen verändern die starken Verben ihren Stammvokal:

1. ei–i–i: reiten – ritt – geritten
gleiten, kneifen, pfeifen, schneiden, schreiten, streiten, weichen u. a. m.

2. ei–ie–ie: bleiben – blieb – geblieben
gedeihen, meiden, preisen, scheinen, schreiben, treiben, verzeihen u. a. m.

3. ie–o–o: fliehen – floh – geflohen
biegen, fliegen, fließen, genießen, kriechen, riechen, schließen, verlieren u. a. m.

4. i–a–o: gewinnen – gewann – gewonnen
beginnen, rinnen, spinnen u. a. m.

5. i–a–u: singen – sang – gesungen
finden, gelingen, ringen, schwinden, sinken, springen, trinken u. a. m.

6. e–a–o: sprechen – sprach – gesprochen
brechen, helfen, nehmen, sprechen, stehlen, treffen, werben, werfen u. a. m.

7. e–a–e: essen – aß – gegessen
fressen, geben, geschehen, lesen, sehen, treten, vergessen u. a. m.

8. e–o–o: heben – hob – gehoben
dreschen, fechten, flechten, schmelzen u. a. m.

9. a–u–a: graben – grub – gegraben
backen, fahren, laden, schlagen, tragen, wachsen, waschen u. a. m.

10. a–ie–a: fallen – fiel – gefallen
blasen, braten, halten, lassen, raten u. a. m.

Verben mit gleichlautendem Infinitiv, jedoch zwei Abwandlungen

1. mit gleicher Bedeutung (gebräuchliche Formen wurden kursiv gesetzt)

backen	– buk	– *gebacken*	*stieben*	– *stob*	– *gestoben*
	– *backte*	– gebackt		– stiebte	– gestiebt
glimmen	– glomm	– geglommen	*triefen*	– troff	– getroffen
	– *glimmte*	– *geglimmt*		– *triefte*	– *getrieft*
melken	– molk	– *gemolken*			
	– *melkte*	– *gemelkt*			

2. mit verschiedener Bedeutung

bewegen	bewegte	– bewegt	(in Bewegung setzen)
	bewog	– bewogen	(veranlassen)
erschrecken	erschreckte	– erschreckt	(jemanden in Schrecken setzen)
	erschrak	– erschrocken	(in Schrecken geraten)
gären	gärte	– gegärt	(erregt sein)
	gor	– gegoren	(Wein, Bier, Most)
pflegen	pflegte	– gepflegt	(versorgen)
	pflog	– gepflogen	(Verhandlungen pflegen)
quellen	quellte	– gequellt	(größer werden lassen)
	quoll	– gequollen	(herausströmen)

schaffen	schaffte	– geschafft	(arbeiten)
	schuf	– geschaffen	(entstehen lassen)
scheren	scherte	– geschert	(sich um etwas kümmern)
	schor	– geschoren	(abschneiden)
schleifen	schleifte	– geschleift	(über den Boden ziehen, mit dem Erdboden gleichmachen)
	schliff	– geschliffen	(schärfen)
schwellen	schwellte	– geschwellt	(Wind → Segel)
	schwoll	– geschwollen	(etwas vergrößert sich)
senden	sandte	– gesandt	(etwas schicken)
	sendete	– gesendet	(Rundfunk, Fernsehen)

wenden (umdrehen, umkehren): wendete, hat gewendet (den Anzug, das Auto) – wenden (im übertragenen Sinne): sie hat seinen Sinn gewendet oder gewandt; die Lage wendete oder wandte sich zum Guten; er wendete oder wandte sich an seinen Freund.

wiegen	wiegte	– gewiegt	(schaukeln)
	wog	– gewogen	(das Gewicht feststellen, auch: ein Gewicht haben)

Perfekt, Plusquamperfekt, Futur I und Futur II sind zusammengesetzte Tempora, sie bestehen meistens aus zwei Formen, von denen eine immer zu den Hilfsverben (W 30–W 32), eine zu den infiniten Formen gehört (W 09).

W 18 **Perfekt** (Vollendete Gegenwart)

Das Perfekt schaut auf eben Geschehenes, fast noch Gegenwärtiges zurück:
Ich *bin* zum Geisterschiff *gewandert* und *habe* es *fotografiert.*

W 19 **Plusquamperfekt** (Vollendete Vergangenheit)

Es drückt aus, daß eine Handlung, ein Vorgang zeitlich vor allen anderen in der Vorvergangenheit liegt:
Jetzt trinkt er Kaffee. (Präsens)
Soeben hat er das Schiff fotografiert. (Perfekt)
Gestern besuchte er seine Tante. (Präteritum)
Vorgestern *hatte* er schon den Onkel *aufgesucht.* (Plusquamperfekt)

W 20 **Futur I** (Zukunft)

Die eigentliche temporale Funktion finden wir in:
Er *wird* morgen zum Schiff *wandern.*

Das Futur I dient aber auch zu energischen Aufforderungen:
Du *wirst* jetzt sofort *zurückkommen!*

W 21 **Futur II** (Vollendete Zukunft)

In seiner temporalen Funktion ist es ungebräuchlich:
Er *wird* es morgen *fotografiert haben.*
Er *wird* morgen dorthin *gegangen sein.*

Dagegen verwendet man es, um Vermutungen auszudrücken:
Er *wird* wohl den richtigen Film *eingelegt haben.*

W 22 **Consecutio temporum** (Zeitfolge)

Üblicherweise verwendet man zusammen Präsens und Perfekt:

Wir *gehen* hinaus, weil wir schon *gegessen haben.*

Ebenso üblich ist die Koppelung von Präteritum und Plusquamperfekt:

Wir *gingen* spazieren, nachdem wir *gegessen hatten.*

In sehr lebendiger Erzählung darf man „springen":

Wir *gingen* langsam weiter, da *schreit* sie auf einmal laut auf!

W 23 **Näheres zum Konjunktiv**

Indikativ (Wirklichkeitsform)

Er bezeichnet die objektive Wirklichkeit einer Aussage, eine sachliche Feststellung, die von dem Aussagenden vertreten wird.

Wir wandern. Er hat es fotografiert.

W 24 **Konjunktiv** (Möglichkeitsform)

Er enthält einiges an Ungewißheit und Vermutungen, schränkt die Gewißheit einer Aussage ein.
Der Sprecher distanziert sich gewissermaßen:

Man hört, er sei geschieden.
Wenn er käme, würde er es fotografieren.

W 25 **Konjunktiv I**

Diese Verbform wird zumeist in der abhängigen, indirekten Rede verwendet.
Dies gilt auch für die indirekte Frage:

Sie hatte gefragt, ob sie *mitkommen könne.*
Er sagte mir, daß er bald *komme.*
Ich hörte, er *sei* angekommen.
Er versichert mir, sie *werde* noch *kommen.*

W 26 **Consecutio temporum** (in der indirekten Rede)

Steht der übergeordnete Satz in einem Tempus des Gegenwartsbereichs (Präsens, Perfekt, Futur I), so steht bei Gleichzeitigkeit im abhängigen Satz gewöhnlich der Konjunktiv I (Präsens).

W 27 **Konjunktiv II**

Mit ihm will der Sprecher ausdrücken, daß etwas so sein könne (Potentialis) oder daß etwas unwirklich sei (Irrealis):

Schwämme er hinüber, so *geriete* er in Gefahr.
Wenn wir dorthin *wanderten, ertränken* wir.

Heute wird der Konjunktiv II immer öfter mit „würde" umschrieben:

Wenn wir dorthin *wandern würden,* ertränken wir.

Weiter verwendet man den Konjunktiv II, wenn eine Form des Konjunktivs I genauso lautet wie der Indikativ und daher Verwechselungen möglich wären:
Statt Er sagt, ich *spreche* zu laut. (Indikativ und Konjunktiv I gleich) heißt es dann: Er sagt, ich *spräche* zu laut.

W 28 Konjunktiv – Präsens und Präteritum – von „können“, „dürfen“, „mögen“, „lassen“ (Modalverben)

		können	dürfen	mögen	lassen
Präsens (Gegenwart)	ich	könne	dürfe	möge	—
	du	könnest	dürfest	mögest	lassest
	er, sie, es	könne	dürfe	möge	lasse
	wir	—	—	—	—
	ihr	könnet	dürfet	möget	lasset
	sie	—	—	—	—
Präteritum (Vergangenheit)	ich	könnte	dürfte	möchte	ließe
	du	könntest	dürftest	möchtest	ließest
	er, sie, es	könnte	dürfte	möchte	ließe
	wir	könnten	dürften	möchten	ließen
	ihr	könntet	dürftet	möchtet	ließet
	sie	könnten	dürften	möchten	ließen

Beachte! Die ausgelassenen Formen werden nicht gebraucht. Dafür treten die entsprechenden Formen der Vergangenheit ein.

W 29 Bildung des Konjunktivs II starker Verben (Präteritum)

Normalfall: Umlautung des Präteritums plus **-e** = Konjunktiv II

Infinitiv (Grundform)	**Ind. Präteritum (Vergangenheit)**	**Konj. Präteritum * (Mögl. der Verg.)**
befehlen (befiehl!)	befahl	befähle
binden	band	bände
fahren	fuhr	führe
gelten	galt	gälte
gewinnen	gewann	gewönne (gewänne)
helfen (hilf!)	half	hülfe
klingen	klang	klänge
lesen (lies!)	las	läse
lügen	log	löge
nehmen (nimm!)	nahm	nähme
raten	riet	riete
riechen	roch	röche
schaffen	schuf	schüfe
schießen	schoß	schösse
schleichen	schlich	schliche
schweigen	schwieg	schwiege
schwimmen	schwamm	schwömme (schwämme)
sehen (sieh!)	sah	sähe
sprechen (sprich!)	sprach	spräche
stehen	stand	stände (stünde)
sterben (stirb!)	starb	stürbe
tragen	trug	trüge
treten (tritt!)	trat	träte
vergessen (vergiß!)	vergaß	vergäße
verlieren	verlor	verlöre
waschen	wusch	wüsche
werfen (wirf!)	warf	würfe
ziehen	zog	zöge

* Immer öfter wird der Konj. II starker Verben mit „würde“ umschrieben: Ich würde schwimmen.

W 30 Konjugation des Hilfsverbs „sein“

(siehe auch W 34)

	Indikativ (Wirklichkeitsform)		**Konjunktiv** (Möglichkeitsform)	
	Präsens (Gegenwart)	**Perfekt** (Voll. Gegenwart)	**Präsens** (Gegenwart)	**Perfekt** (Voll. Gegenwart)
ich	bin	bin gewesen	sei	sei gewesen
du	bist	bist gewesen	sei[e]st	sei[e]st gewesen
er, sie, es	ist	ist gewesen	sei	sei gewesen
wir	sind	sind gewesen	seien	seien gewesen
ihr	seid	seid gewesen	seid	seid gewesen
sie	sind	sind gewesen	seien	seien gewesen
	Präteritum (Vergangenheit)	**Plusquamperfekt** (Voll. Vergangenheit)	**Präteritum** (Vergangenheit)	**Plusquamperfekt** (Voll. Vergangenheit)
ich	war	war gewesen	wäre	wäre gewesen
du	warst	warst gewesen	wärst	wär[e]st gewesen
er, sie, es	war	war gewesen	wäre	wäre gewesen
wir	waren	waren gewesen	wären	wären gewesen
ihr	war[e]t	war[e]t gewesen	wärt	wär[e]t gewesen
sie	waren	waren gewesen	wären	wären gewesen
	Futur I (Zukunft)	**Futur II** (Voll. Zukunft)	**Futur I** (Zukunft)	**Futur II** (Voll. Zukunft)
ich	werde sein	werde gewesen sein	werde sein	werde gewesen sein
du	wirst sein	wirst gewesen sein	werdest sein	werdest gewesen sein
er, sie, es	wird sein	wird gewesen sein	werde sein	werde gewesen sein
wir	werden sein	werden gewesen sein	werden sein	werden gewesen sein
ihr	werdet sein	werdet gewesen sein	werdet sein	werdet gewesen sein
sie	werden sein	werden gewesen sein	werden sein	werden gewesen sein

Imperativ (Befehlsform)

Singular: sei!
Plural: seid!
Sie-Form: seien Sie!

Infinitiv (Grundform)

Präsens: sein
Perfekt: gewesen sein

Partizip (Mittelwort)

Präsens: (seiend)
Perfekt: gewesen

Der Konditional
(bedingte Möglichkeit)

ich würde sein
du würdest sein
er, sie, es würde sein
wir würden sein
ihr würdet sein
sie würden sein

W 31 **Konjugation des Hilfsverbs „haben"** (siehe auch W 34)

	Indikativ (Wirklichkeitsform)		**Konjunktiv** (Möglichkeitsform)	
	Präsens (Gegenwart)	**Perfekt** (Voll. Gegenwart)	**Präsens** (Gegenwart)	**Perfekt** (Voll. Gegenwart)
ich	habe	habe gehabt	habe	habe gehabt
du	hast	hast gehabt	habest	habest gehabt
er, sie, es	hat	hat gehabt	habe	habe gehabt
wir	haben	haben gehabt	haben	haben gehabt
ihr	habt	habt gehabt	habet	habet gehabt
sie	haben	haben gehabt	haben	haben gehabt
	Präteritum (Vergangenheit)	**Plusquamperfekt** (Voll. Vergangenheit)	**Präteritum** (Vergangenheit)	**Plusquamperfekt** (Voll. Vergangenheit)
ich	hatte	hatte gehabt	hätte	hätte gehabt
du	hattest	hattest gehabt	hättest	hättest gehabt
er, sie, es	hatte	hatte gehabt	hätte	hätte gehabt
wir	hatten	hatten gehabt	hätten	hätten gehabt
ihr	hattet	hattet gehabt	hättet	hättet gehabt
sie	hatten	hatten gehabt	hätten	hätten gehabt
	Futur I (Zukunft)	**Futur II** (Voll. Zukunft)	**Futur I** (Zukunft)	**Futur II** (Voll. Zukunft)
ich	werde haben	werde gehabt haben	werde haben	werde gehabt haben
du	wirst haben	wirst gehabt haben	werdest haben	werdest gehabt haben
er, sie, es	wird haben	wird gehabt haben	werde haben	werde gehabt haben
wir	werden haben	werden gehabt haben	werden haben	werden gehabt haben
ihr	werdet haben	werdet gehabt haben	werdet haben	werdet gehabt haben
sie	werden haben	werden gehabt haben	werden haben	werden gehabt haben

Imperativ (Befehlsform)

Singular: habe!
Plural: hab[e]t!
Sie-Form: haben Sie!

Infinitiv (Grundform)

Präsens: haben
Perfekt: gehabt haben

Partizip (Mittelwort)

Präsens: (habend)
Perfekt: gehabt

Der Konditional
(bedingte Möglichkeit)

ich würde haben
du würdest haben
er, sie, es würde haben
wir würden haben
ihr würdet haben
sie würden haben

W 32 Konjugation des Hilfsverbs „werden“

	Indikativ (Wirklichkeitsform)		**Konjunktiv** (Möglichkeitsform)	
	Präsens (Gegenwart)	**Perfekt** (Voll. Gegenwart)	**Präsens** (Gegenwart)	**Perfekt** (Voll. Gegenwart)
ich du er, sie, es wir ihr sie	werde wirst wird werden werdet werden	bin bist ist sind seid sind } [ge] worden	werde werdest werde werden werdet werden	sei sei[e]st sei seien seiet seien } [ge] worden
	Präteritum (Vergangenheit)	**Plusquamperfekt** (Voll. Vergangenheit)	**Präteritum** (Vergangenheit)	**Plusquamperfekt** (Voll. Vergangenheit)
ich du er, sie, es wir ihr sie	wurde wurdest wurde wurden wurdet wurden	war warst war waren war[e]t waren } [ge] worden	würde würdest würde würden würdet würden	wäre wär[e]st wäre wären wär[e]t wären } [ge] worden
	Futur I (Zukunft)	**Futur II** (Voll. Zukunft)	**Futur I** (Zukunft)	**Futur II** (Voll. Zukunft)
ich du er, sie, es wir ihr sie	werde wirst wird werden werdet werden } werden	werde wirst wird werden werdet werden } [ge] worden sein	werde werdest werde werden werdet werden } werden	werde werdest werde werden werdet werden } [ge] worden sein

Imperativ (Befehlsform)

Singular: werde!
Plural: werdet!
} **Sie-Form:** werden Sie!

Infinitiv (Grundform)

Präsens: werden
Perfekt: [ge]worden sein

Partizip (Mittelwort)

Präsens: (werdend)
Perfekt: [ge]worden

Der Konditional
(bedingte Möglichkeit)

ich würde
du würdest
er, sie, es würde
wir würden
ihr würdet
sie würden
} werden

W 33 Konjugation eines schwachen Verbs (siehe auch W 17)

Aktiv (Tatform)

Indikativ (Wirklichkeitsform)		Konjunktiv (Möglichkeitsform)	
Präsens (Gegenwart)		**Präsens**	
ich frage	wir fragen	ich frage	wir fragen
du fragst	ihr fragt	du fragest	ihr frag[e]t
er, sie, es fragt	sie fragen	er, sie, es frage	sie fragen
Präteritum (Vergangenheit)		**Präteritum**	
ich fragte	wir fragten	ich fragte	wir fragten
du fragtest	ihr fragtet	du fragtest	ihr fragtet
er, sie, es fragte	sie fragten	er, sie, es fragte	sie fragten
Futur I (Zukunft)		**Futur I**	
ich werde fragen	wir werden fragen	ich werde fragen	wir werden fragen
du wirst fragen	ihr werdet fragen	du werdest fragen	ihr werdet fragen
er, sie, es wird fragen	sie werden fragen	er, sie, es werde fragen	sie werden fragen
Perfekt (Vollendete Gegenwart)		**Perfekt**	
ich habe gefragt	wir haben gefragt	ich habe gefragt	wir haben gefragt
du hast gefragt	ihr habt gefragt	du habest gefragt	ihr habet gefragt
er, sie, es hat gefragt	sie haben gefragt	er, sie, es habe gefragt	sie haben gefragt
Plusquamperfekt (Vollendete Vergangenheit)		**Plusquamperfekt**	
ich hatte gefragt		ich hätte gefragt	
du hattest gefragt		du hättest gefragt	
er, sie, es hatte gefragt		er, sie, es hätte gefragt	
wir hatten gefragt		wir hätten gefragt	
ihr hattet gefragt		ihr hättet gefragt	
sie hatten gefragt		sie hätten gefragt	
Futur II (Vollendete Zukunft)		**Futur II**	
ich werde gefragt haben		ich werde gefragt haben	
du wirst gefragt haben		du werdest gefragt haben	
er, sie, es wird gefragt haben		er, sie, es werde gefragt haben	
wir werden gefragt haben		wir werden gefragt haben	
ihr werdet gefragt haben		ihr werdet gefragt haben	
sie werden gefragt haben		sie werden gefragt haben	

Imperativ (Befehlsform)

Singular: frage!
Plural: fragt!
} **Sie-Form:** fragen Sie!

Infinitiv (Grundform)

Präsens: fragen
Perfekt: gefragt haben

Partizip (Mittelwort)

Präsens: fragend
Perfekt: gefragt

Der Konditional

(bedingte Möglichkeit)

ich würde fragen
du würdest fragen
er, sie, es würde fragen
wir würden fragen
ihr würdet fragen
sie würden fragen

Passiv (Leideform)	
Indikativ (Wirklichkeitsform)	**Konjunktiv** (Möglichkeitsform)
Präsens (Gegenwart)	**Präsens**
ich werde gefragt du wirst gefragt er, sie, es wird gefragt wir werden gefragt ihr werdet gefragt sie werden gefragt	(ich werde gefragt) (du werdest gefragt) er, sie, es werde gefragt (wir werden gefragt) (ihr werdet gefragt) (sie werden gefragt)
Präteritum (Vergangenheit)	**Präteritum**
ich wurde gefragt du wurdest gefragt er, sie, es wurde gefragt wir wurden gefragt ihr wurdet gefragt sie wurden gefragt	ich würde gefragt du würdest gefragt er, sie, es würde gefragt wir würden gefragt ihr würdet gefragt sie würden gefragt
Futur I (Zukunft)	**Futur I**
ich werde gefragt werden du wirst gefragt werden er, sie, es wird gefragt werden wir werden gefragt werden ihr werdet gefragt werden sie werden gefragt werden	(ich werde gefragt werden) (du werdest gefragt werden) er, sie, es werde gefragt werden (wir werden gefragt werden) (ihr werdet gefragt werden) (sie werden gefragt werden)
Perfekt (Vollendete Gegenwart)	**Perfekt**
ich bin gefragt worden du bist gefragt worden er, sie, es ist gefragt worden wir sind gefragt worden ihr seid gefragt worden sie sind gefragt worden	ich sei gefragt worden du sei[e]st gefragt worden er, sie, es sei gefragt worden wir seien gefragt worden (ihr seiet gefragt worden) sie seien gefragt worden
Plusquamperfekt (Vollendete Vergangenheit)	**Plusquamperfekt**
ich war gefragt worden du warst gefragt worden er, sie, es war gefragt worden wir waren gefragt worden ihr waret gefragt worden sie waren gefragt worden	ich wäre gefragt worden du wär[e]st gefragt worden er, sie, es wäre gefragt worden wir wären gefragt worden ihr wär[e]t gefragt worden sie wären gefragt worden
Futur II (Vollendete Zukunft)	**Futur II**
ich werde gefragt worden sein du wirst gefragt worden sein er, sie, es wird gefragt worden sein wir werden gefragt worden sein ihr werdet gefragt worden sein sie werden gefragt worden sein	(ich werde gefragt worden sein) (du werdest gefragt worden sein) er, sie, es werde gefragt worden sein (wir werden gefragt worden sein) (ihr werdet gefragt worden sein) (sie werden gefragt worden sein)

Fortsetzung: **Passiv** (Leideform)

Imperativ (Befehlsform)

Singular:	sei (werde) gefragt!
Plural:	seid (werdet) gefragt!

Infinitiv (Grundform)

Präsens:	gefragt werden
Perfekt:	gefragt worden sein

Partizip (Mittelwort)

Perfekt:	gefragt

Der Konditional
(bedingte Möglichkeit)

ich würde
du würdest
er, sie, es würde
wir würden
ihr würdet
sie würden
} gefragt werden

W 34 **Transitive und intransitive Verben**

Transitive, zielende Verben haben ein Objekt im Akkusativ bei sich:

Ich *schlage den Gegner* zu Boden.
Ich *fahre das Auto* in die Garage.

Sie können im Passiv in allen Personen gebraucht werden:
ich werde gelobt, du wirst gelobt.

Intransitive Verben können nicht mit einem Objekt im Akkusativ verbunden werden:

Ich *komme* bald.
Ich *liege* im Bett.

Transitive Verben werden in den vollendeten Formen des Aktivs mit „haben" gebildet, intransitive mit „sein" oder mit „haben". (Näheres unter W 35)

Intransitive Verben können durch Zusammensetzung mit Vorsilben transitiv werden:

er geht → er begeht ein Verbrechen
er lebt → er erlebt ein Abenteuer

Transitive Verben, die ein auf das Subjekt rückbezügliches Pronomen zu sich nehmen, nennt man reflexiv:

Er hat sich bekehrt. – Jeder wäscht sich jetzt. –
Wir schämen uns. – Du beeilst dich. –
Ich kaufe mir ein Haus. – Er glaubt an sich. –
Er eignete sich gute Berufskenntnisse an. –
Sie freuen sich. – Du grämst dich. –
Wir erkundigen uns. – Ich sehne mich nach Ruhe.
Sie haben sich stark erkältet – Er sorgt sich sehr.

W 35 Konjugation eines starken, transitiven Verbs

(siehe auch W 17)

	Aktiv (Tatform)		**Passiv** (Leideform)	
	Indikativ (Wirklichkeit)	**Konjunktiv** (Möglichkeit)	**Indikativ** (Wirklichkeit)	**Konjunktiv** (Möglichkeit)
	Präsens (Gegenwart)		**Präsens** (Gegenwart)	
ich	schlage	–	werde	–
du	schlägst	schlagest	wirst	werdest geschlagen
er	schlägt	schlage	wird } geschla-	werde geschlagen
wir	schlagen	–	werden } gen	–
ihr	schlagt	schlaget	werdet	–
sie	schlagen	–	werden	–
	Präteritum (Vergangenheit)		**Präteritum** (Vergangenheit)	
ich	schlug	schlüge	wurde	würde
du	schlugst	schlügest	wurdest	würdest
er	schlug	schlüge	wurde } geschla-	würde } geschla-
wir	schlugen	schlügen	wurden } gen	würden } gen
ihr	schlugt	schlüget	wurdet	würdet
sie	schlugen	schlügen	wurden	würden
	Futur I (Zukunft)		**Futur I** (Zukunft)	
ich	werde } schlagen	–	werde } geschlagen	– } geschl.
du	wirst } usw.	werdest } schlagen	wirst } werden	werdest } werden
er	wird	werde } usw.	wird } usw.	werde } usw.
	Perfekt (Voll. Gegenwart)		**Perfekt** (Voll. Gegenwart)	
ich	habc gcschlagon	–	bin } geschlagen	sei } geschl.
du	hast ggeschl. usw.	habest geschl. usw.	bist } worden usw.	sei[e]st } w. usw.
	Plusquamperfekt (Voll. Vergangenheit)		**Plusquamperfekt** (Voll. Vergangenheit)	
ich	hatte geschlagen usw.	hätte geschlagen usw.	war geschlagen worden	wäre geschlagen worden
	Futur II (Voll. Zukunft)		**Futur II** (Voll. Zukunft)	
ich	werde } geschlagen	–	werde } geschlagen	–
du	wirst } haben usw.	werdest geschl. haben	wirst } worden sein	werdest geschl. worden sein

Imperativ (Befehlsform): schlag[e]! schlag[e]t! **Sie-Form:** schlagen Sie!

Anmerkung: Alle transitiven Verben bilden ebenso wie die reflexiven das Perfekt mit „haben“:

Mein Trainer hat mich heute gelobt. –
Du hast mir dein Briefmarkenalbum verkauft.

Die intransitiven Verben verwenden „sein“, wenn ein Ziel oder Abschluß bezeichnet wird:

Ich bin nach Hause gefahren. –
Die Knospe ist heute voll erblüht.

Sie verwenden „haben“, wenn die Dauer eines Vorganges gemeint ist:

Sie hat geblüht. –
Er hat den Wagen gefahren.

W 36 **Konjugation eines starken, intransitiven Verbs** (siehe auch W 17 und W 34)

	Aktiv (Tatform)				**Passiv** (Leideform)			
	Indikativ (Wirklichkeit)		**Konjunktiv** (Möglichkeit)		**Indikativ** (Wirklichkeit)		**Konjunktiv** (Möglichkeit)	
	Präsens (Gegenwart)				**Präsens** (Gegenwart)			
ich	fahre		–		werde		–	
du	fährst		fahrest		wirst		werdest	
er	fährt		fahre		wird	gefah-	werde	gefahren
wir	fahren		–		werden	ren	–	
ihr	fahrt		fahret		werdet		–	
sie	fahren		–		werden		–	
	Präteritum (Vergangenheit)				**Präteritum** (Vergangenheit)			
ich	fuhr		führe		wurde		würde	
du	fuhrst		führest		wurdest		würdest	
er	fuhr		führe		wurde	gefah-	würde	gefah-
wir	fuhren		führen		wurden	ren	würden	ren
ihr	fuhr[e]t		führet		wurdet		würdet	
sie	fuhren		führen		wurden		würden	
	Futur I (Zukunft)				**Futur I** (Zukunft)			
ich	werde		–		werde	gefahren	–	
du	wirst	fahren	werdest	fahren	wirst	werden	werdest	gefahren
er	wird	usw.	werde		wird	usw.	werde	werden
	Perfekt (Voll. Gegenwart)				**Perfekt** (Voll. Gegenwart)			
ich	bin gefahren usw.		sei gefahren usw.		bin gef. worden		sei gef. worden	
	Plusquamperfekt (Voll. Vergangenheit)				**Plusquamperfekt** (Voll. Vergangenheit)			
ich	war gef. usw.		wäre gef. usw.		war gef. worden		wäre gef. worden	
	Futur II (Voll. Zukunft)				**Futur II** (Voll. Zukunft)			
ich	werde	gefahren	–		werde	gef. wor-	–	
du	wirst	sein	werdest	gefahren	wirst	den sein	werdest	gef. wor-
er	wird	usw.	werde	sein	wird	usw.	werde	den sein

Imperativ (Befehlsform) fahr[e]! fahr[e]t! **Sie-Form:** fahren Sie!

Anmerkung: Das transitive (zielende) Zeitwort „fahren“ wird mit „haben“ gebeugt.
Beispiel: Ich habe **den Wagen** gefahren.

W 37 **Die Fallsetzung gebräuchlicher Verben** (siehe auch S 27 „Valenz“)

1. Den Akkusativ „regieren“ transitive (zielende) Verben:

a)

beißen	bestrafen	fangen	loben	schlagen	verachten
bekommen	bewundern	füllen	kennen	senken	verdienen
bemühen	ehren	fühlen	prüfen	stoßen	werfen
beneiden	empfangen	leiten	retten	suchen	zerstören
benutzen	erwarten	lieben	richten	tadeln	zertrümmern

b) reflexive Verben

sich ängstigen	sich äußern	sich bekümmern	sich entsetzen	sich grämen	sich täuschen
sich ärgern	sich beklagen	sich betrüben	sich erzürnen	sich härmen	sich winden

c) Den doppelten Akkusativ erfordern:

lehren nennen schelten schimpfen

2. Den Dativ „regieren":

a)

ähneln	dienen	folgen	gehören	huldigen	schmeicheln
antworten	drohen	frommen	genügen	lohnen	trotzen
begegnen	entfliehen	frönen	glauben	nützen	weichen
befehlen	entsagen	gefallen	gleichen	raten	winken
danken	fluchen	gehorchen	helfen	schaden	zürnen

Hierhin gehören auch viele Verben, die mit den Präpositionen (Verhältniswörtern) an, auf, bei, entgegen, wider, nach, unter, vor und zu zusammengesetzt sind.

b) impersonale (unpersönliche) Verben

es ahnt	es behagt	es fehlt	es graut	es schmeckt	leid tun
es bangt	es beliebt	es gefällt	es scheint	es träumt	zumute sein

c) reflexive Verben

sich überlegen	sich einbilden	sich erlauben	sich gestatten	sich vornehmen	sich vorstellen

3. Den Genitiv „regieren":

a)

achten	brauchen	ermangeln	gedenken	pflegen	vergessen
bedürfen	entbehren	erwähnen	genießen	schonen	walten
begehren	entwöhnen	frohlocken	harren	spotten	warten

Beachte! Vorstehende Zeitwörter werden nur noch in altertümelnder Sprache mit dem 2. Fall verbunden. Im allgemeinen verbindet man sie mit dem 4. Fall oder mit einem Verhältniswort.

b) Der Genitiv in Redewendungen

seines Weges ziehen – es verlohnt sich der Mühe – Hungers sterben – eines plötzlichen, langsamen, schrecklichen Todes sterben – seines Glaubens leben – anderer Meinung werden – frohes (frohen) Sinnes werden – des Glaubens sein – guter Dinge sein – willens sein

c) Der Genitiv nach reflexiven Verben (rückbezüglichen Zeitwörtern)

sich annehmen	sich befleißigen	sich enthalten
sich bedienen	sich bemächtigen	sich entledigen
sich erbarmen	sich erinnern	sich schämen
sich erfreuen	sich rühmen	sich wehren

4. Den Akkusativ der Person und den Genitiv der Sache erfordern:

anklagen	bezichtigen	entbinden	überführen	verweisen
beschuldigen	berauben	entheben	versichern	würdigen

5. Den Dativ und den Akkusativ erfordern:

a)

bieten	geben	leihen	opfern	schenken	stiften
borgen	glauben	leisten	raten	schulden	weihen
bringen	gönnen	liefern	rauben	senden	widmen
deuten	lassen	melden	reichen	stehlen	zeigen

b) Verben mit den Präfixen (Vorsilben) ab-, be-, ent-, er-, ge-, über-, ver-, vor-

abbitten	beweisen	erteilen	geloben	übergeben	verzeihen
ab-gewöhnen	bezeigen	erweisen	gestatten	überreichen	vorhalten
bewilligen	entziehen	erzählen	gestehen	vergeben	vorreden
bescheren	erlauben	gebieten	gewähren	verweigern	vorsagen
					u. a.

c) trennbar zusammengesetzte Verben, verbunden mit: ab, an, auf, bei, ein, entgegen, nach, über, unter, vor, zu

abtreten	aufladen	eingeben	nachtragen	unterlegen	zuwenden
antragen	beifügen	entgegen-setzen	übergeben	vorhalten	u. a.

W 38 **Echte und unechte Komposita** (zusammengesetzte Verben)

Die echten Komposita unter den Verben sind bei der Konjugation untrennbar:
ich bereite er empfiehlt wir vollbringen

Die unechten Komposita treten bei der Konjugation auseinander:
ich stelle vor du gibst acht er erhält aufrecht

Trennbar zusammengesetzte Verben (unechte Komposita) sind z. B.:

1. Alle Verben mit einem betonten Adverb oder einer Präposition als Bestimmungswort, z. B.

abholen	**auf**geben	**ein**teilen	**vor**stellen	**wider**spiegeln
anlaufen	**bei**stehen	**heim**holen	**weg**nehmen	**zu**geben

2. Fast alle Verben (beachte die untrennbaren Verben!), deren Bestimmungswort ein betontes Adjektiv oder Adverb ist, z. B.

bloßstellen	**frei**sprechen	**kalt**stellen	**quer**legen
brachliegen	**glatt**hobeln	**klar**legen	**schwarz**hören
fernhalten	**gut**sagen	**knapp**halten	**tot**schlagen
flottmachen	**heiß**laufen	**lahm**legen	**wahr**nehmen

3. Alle Verben, die zusammengesetzt sind mit:

aufrecht-	dahin-	einher-	entzwei-	herauf-	herein-	hinan-	hinzu-
bevor-	darauf-	empor-	herab-	heraus-	herzu-	hinauf-	voran-
daher-	darein-	entgegen-	heran-	herbei-	hinab-	hinein-	voraus-

4. Folgende Verben, deren wörtliche Bedeutung zumeist verblaßt ist:

achtgeben	haushalten	hohnsprechen	kundgeben	stattfinden
achthaben	heimfahren	inachtnehmen	maßhalten	teilhaben
fehlschlagen	hofhalten	kehrtmachen	preisgeben	teilnehmen
haltmachen	hohnlachen	kopfstehen	standhalten	u. ä.

W 39 **Äußerlich gleiche Verben mit wechselndem Gebrauch**

Bestimmungswort betont = trennbar – Grundwort betont = untrennbar
Beispiel: Er übersetzte die Bibel. – Er setzt über den Fluß.

durch-	über-	um-	unter-	wieder-
durchbrechen durch**brechen** **durch**schneiden durch**schneiden**	**über**setzen über**setzen** **über**treten über**treten**	**um**fahren um**fahren** **um**laufen um**laufen**	**unter**halten unter**halten** **unter**schlagen unter**schlagen**	**wieder**holen wieder**holen** **wieder**bringen aber: wieder **bringen**

W 40 **Faktitive (bewirkende) Verben**

Beispiel: Sie dämpft das Gemüse. – Das Gemüse dampft.

drängen	→ (dringen)	schwenken	→ (schwingen)
führen	→ (fahren)	senken	→ (sinken)
flößen	→ (fließen)	setzen	→ (sitzen)
lähmen	→ (lahmen)	sprengen	→ (springen)
legen	→ (liegen)	tränken	→ (trinken)
säugen	→ (saugen)	verschwenden	→ (verschwinden)
schellen	→ (schallen)	versenken	→ (versinken)
schwemmen	→ (schwimmen)	u. a.	

W 41 **Bildung von Verben**

A) Durch Suffixe (Nachsilben)

-igen: kräftigen, reinigen, sättigen, peinigen, schädigen u. a. m.
-eln: betteln, hageln, näseln, witzeln, züngeln u. a. m.
-ern: ackern, flimmern, folgern, räuchern, zittern, zwitschern u. a. m.
-en: krümmen, röten, schwächen u. a. m.
-ieren: diktieren, hofieren, lavieren, manöverieren, operieren u. a. m.

B) Durch Präfixe (Vorsilben)

be-: bekleiden, bekränzen, bestärken, bewässern u. a. m.
ent-: enterben, entgleiten, entwässern, entzünden u. a. m.
er-: erbauen, erblühen, erfassen, ermüden, erreichen, erschlaffen u. a. m.
ge-: gehorchen, gefrieren, gerinnen, gewinnen u. a. m.
miß-: mißbilligen, mißbrauchen, mißglücken, mißlingen, mißraten u. a. m.
ver-: verbergen, vergraben, verführen, verkennen, verkohlen u. a. m.
zer-: zerbrechen, zerfallen, zergehen, zerschneiden, zerstückeln u. a. m.

C) Durch Zusammensetzungen

Verben mit Nomina: haushalten, maßhalten, wertschätzen, radfahren u. a. m.
Verben mit Adverbien: armkaufen, gernhaben, hochschätzen u. a. m.
Verben mit Präpositionen: aufhören, nachlaufen, unterlassen u. a. m.
Verben mit Zahlwörtern: vierteilen, verfünffachen u. a. m.
Verben mit Verben: liegenbleiben, stehenlassen u. a. m.

W 42

Das Nomen (Substantiv, Hauptwort)

(Plural: die Nomen, die Nomina)

Das Nomen gehört zu den deklinierbaren Wortklassen. Es bezeichnet:

1. **Konkreta** (wirkliche Dinge)
   - Gemeinnamen
     - Gattungsnamen (Mensch, Tier)
     - Sammelnamen (Gebirge)
     - Stoffnamen (Wein)
   - Eigennamen (Berlin, Rhein, Hans)
2. **Abstrakta** (gedachte Dinge)
   - Eigenschaften (Fleiß)
   - Zustände (Teuerung)
   - Handlungen (Bettelei)

Vor allem Verben und Adjektive können zum Nomen werden:

denken → das Denken   breit → die Breite

W 43

Genus, Numerus, Kasus (Geschlecht, Zahl, Fall)

Die äußere Form des Nomens weist auf:

1. **Genus*** (Geschlecht)
   - Maskulinum (männlich) der, ein Mann
   - Femininum (weiblich) die, eine Frau
   - Neutrum (sachlich) das, ein Kind
2. **Numerus** (Zahl)
   - Singular (Einzahl) der, die, das, ein. eine. ein
   - Plural (Mehrzahl) die
3. **Kasus** (Fall)
   - Nominativ (Werfall) 1. Fall
   - Genitiv (Wesfall) 2. Fall
   - Dativ (Wemfall) 3. Fall
   - Akkusativ (Wenfall) 4. Fall

* Ausgedrückt durch das bestimmte und unbestimmte Geschlechtswort

Den Kasus erfragt man folgendermaßen:

1. Möglichkeit

Man fragt mit dem ganzen Satz nach dem Nomen:

Sie besuchten *die Kunstausstellung*.
Wen oder was besuchten sie?
die Kunstausstellung = Akkusativ

2. Möglichkeit
Man setzt an die Stelle des zu bestimmenden Nomens ohne Rücksicht auf eine Veränderung des Sinnes ein anderes, am besten ein Maskulinum im Singular (hier gibt der Artikel eindeutig Auskunft über den Kasus):

Wir sahen	in *der Ausstellung*	*seltsame Statuen.*
Wir sahen	auf *dem Schiff*	*den Maler.*
der Ausstellung = Dativ		Statuen = Akkusativ

W 44 **Deklination der Nomina**

Wir unterscheiden die starke, schwache und gemischte Deklination.

1. Männliche Nomina (Maskulina)			
	stark	**schwach**	**gemischt**
1. Fall (Wer? Was?) 2. Fall (Wessen?) 3. Fall (Wem?) 4. Fall (Wen? Was?)	der Baum des Baum-es dem Baum-(e) den Baum	der Junge des Jung-en dem Jung-en den Jung-en	der Schmerz des Schmerz-es dem Schmerz-(e) den Schmerz
1. Fall (Nominativ) 2. Fall (Genitiv) 3. Fall (Dativ) 4. Fall (Akkusativ)	die Bäume der Bäume den Bäum-en die Bäume	die Jung-en der Jung-en den Jung-en die Jung-en	die Schmerz-en der Schmerz-en den Schmerz-en die Schmerz-en
2. Sächliche Nomina (Neutra)			
1. Fall 2. Fall 3. Fall 4. Fall	das Kind des Kind-es dem Kind-(e) das Kind	(Schwachgebeugte Nomina sächl. Geschlechts gibt es nicht.)	das Ohr des Ohr-es dem Ohr-(e) das Ohr
1. Fall 2. Fall 3. Fall 4. Fall	die Kinder der Kinder den Kinder-n die Kinder		die Ohr-en der Ohr-en den Ohr-en die Ohr-en
3. Weibliche Nomina (Feminina)			
1. Fall 2. Fall 3. Fall 4. Fall	die Nacht der Nacht der Nacht die Nacht	die Tür der Tür der Tür die Tür	(Gemischtgebeugte Nomina weibl. Geschlechts gibt es nicht.)
1. Fall 2. Fall 3. Fall 4. Fall	die Nächte der Nächte den Nächte-n die Nächte	die Tür-en der Tür-en den Tür-en die Tür-en	

Kennzeichen der Deklinationen

A) Starke Deklination

1. Es gibt stark deklinierte männliche, weibliche und sächliche Nomina (Maskulina, Feminina, Neutra).
2. Stark dekliniert werden alle Nomina, die in der Mehrzahl den Umlaut haben.

3. Männliche und sächliche Nomina auf **-en** oder **-n** werden ebenfalls stark gebeugt.
4. Bei den übrigen Nomina muß man folgende Endungen beachten:

	Singular männliche und sächliche	weibliche	Plural männl., weibl., sächl.
1. F.	—	in allen Fällen keine Endung	-e, -er oder keine Endung
2. F.	-es, -s		-e, -er oder keine Endung
3. F.	-e oder keine Endung		-en, -ern, -n
4. F.	keine Endung		-e, -er oder keine Endung

B) Schwache Deklination

1. Bei der schwachen Deklination gibt es keinen Umlaut.
2. Kein sächliches Nomen wird schwach dekliniert.
3. Die männlichen Nomina auf r und die weiblichen auf e hängen statt -en nur -n an (Ausnahme: Herren).

	Singular männliche		Singular weibliche		Plural männliche		Plural weibliche	
1. F.	keine Endung	-e	keine Endung	-e	-en	-n	-en	-n
2. F.	-en	-n	unverändert	unverändert	-en	-n	-en	-n
3. F.	-en	-n	unverändert	unverändert	-en	-n	-en	-n
4. F.	-en	-n	unverändert	unverändert	-en	-n	-en	-n
	(Elefant)	(Riese)	(Uhr)	(Schlange)	(Elefant)	(Riese)	(Uhr)	(Schlange)

C) Gemischte Deklination (stark und schwach gemischt)

1. Bei der gemischten Deklination gibt es keinen Umlaut.
2. Zur gemischten Deklination gehören nur männliche und sächliche Nomina.
3. Nomina der gemischten Deklination haben im Singular das Kennzeichen der starken Deklination: -es im 2. Fall, im Plural das Kennzeichen der schwachen: die Endung -en.

D) Abweichungen im Numerus

Einige Nomina existieren nur im Singular (Singularetantum):
Geld Obst Tapferkeit

Andere kommen nur im Plural vor (Pluraletantum):
Leute Ferien Alpen Kosten

W 45 Deklination von Eigennamen

Ein Eigenname: **mit** Artikel	**Ein** Eigenname: **ohne** Artikel	**Zwei** Eigennamen: **mit** Artikel	**Zwei** Eigennamen: **ohne** Artikel
der Michael	Michael	der Kai Uwe	Kai Uwe
des Michael	Michael**s**	des Kai Uwe	Kai Uwe**s**
dem Michael	Michael	dem Kai Uwe	Kai Uwe
den Michael	Michael	den Kai Uwe	Kai Uwe

Merke:

1. Eigennamen mit Zischlautendung bilden den Genitiv auf -ens:
   Fritz**ens** Hans**ens** Franz**ens.**

2. Das Genitiv-Häkchen (Apostroph) ist nur ein Notbehelf:
   Franz', Löns'.

Besser sagt man:
   Die Lieder **des** Hermann Löns, die Mappe **von** Franz.

3. Titel vor Eigennamen

Mit Artikel: Artikel und Titel dekliniert, Eigenname unverändert:
   der neue Wagen **des** Kaufmanns Otto Müller, die Gesetze **des** Königs Friedrich.

Ohne Artikel: nur der Name dekliniert:
   Kaufmann Otto Müller**s** neuer Wagen, König Friedrich**s** Gesetze.

4. Der Titel „Herr": immer dekliniert:
   der Herr Müller, **des** Herr**n** Müller usw., Herr**n** Müllers Wagen, der Platz des Herr**n** Direktor, das Haus des Herr**n** Professor Schulze.

Folgen wie im letzten Beispiel nach „des" mehrere Titel **und** der Name, so wird nur der erste Titel (s.o.: Herr) dekliniert:
   der Platz des Herr**n** Direktor Müller, das Buch **des** Professor**s** Doktor Schulz.

5. Namen in Anführungszeichen: immer dekliniert:
   Die letzte Ausgabe des „Alten Hamburger Anzeigers" ...

Will man den Ausdruck unverändert lassen, so setzt man eine Gattungsbezeichnung davor:
   die Ausgabe der Zeitung „Alter Hamburger Anzeiger", die Aufführung der Operette „Der Vogelhändler".

W 46 **Bildung von Nomina**

A) Wortbildung durch Zusammensetzungen

Von den beiden Gliedern der Zusammensetzung enthält das zweite Glied den Grundbegriff, der durch das erste Glied näher bestimmt wird. Wir sprechen dabei vom Grundwort und Bestimmungswort.

Bei Ofentür Zimmertür Stalltür ist jeweils Tür das Grundwort, die Bestimmungswörter geben an, welche Tür gemeint ist.

1. Gleichwertige Verbindung: Autohändler, Tankstelle, Waschhalle, u.a.m.
2. Das Bestimmungswort ist ein Nomen im Genitiv und vom Grundwort abhängig: Grabesstille, Frauenarbeit, Waldeslust u.a.m.
3. Ein Verb tritt als Bestimmungswort auf: Fahrlehrer, Lesebuch, Turnverein, Verschiebebahnhof u.a.m.
4. Ein Adjektiv tritt als Bestimmungswort auf: Gelbsucht, Grünspan, Heißhunger, Weißdorn u.a.m.
5. Weitere Wortarten treten als Bestimmungswort auf: Ansicht, Vorlauf, Mitleid, Wohltat, Achtzylinder, Pfuiruf u.a.m.

B) Wortbildung durch Präfixe (Vorsilben)

erz-: Erzbischof, Erzfeind, Erzlump u. a. m.
ge-: Gebrüder, Geselle, Gefährte, Geschwister, Gepolter, Geschmeide u. a. m.
miß-, misse-: Mißerfolg, Mißgunst, Mißernte, Missetat u. a. m.
un-: Unglück, Unruhe, Untier, Unmenge, Unzahl u. a. m.
ur-: Ursache, Urwald; von der Vorsilbe er- abgeleitet in: Urlaub, Urteil, Ur-Kunde.
ver-: Hier handelt es sich um Bildungen aus Verben: Verkauf, Verrat, Versehen, Versicherung u. a. m.

C) Wortbildung durch Suffixe (Nachsilben)

-heit: Blindheit, Gottheit, Torheit, Faulheit, Trägheit u. a. m.
-keit: Ewigkeit, Müdigkeit, Tapferkeit u. a. m.
-schaft: Bürgschaft, Erbschaft, Knechtschaft, Lehrerschaft, Mannschaft u. a. m.
-tum: Herrschertum, Königtum, Irrtum, Reichtum u. a. m.
-ung: Erziehung, Genugtuung, Maserung, Tötung, Verwendung u. a. m.
-nis: Bekenntnis, Betrübnis, Erzeugnis, Wagnis u. a. m.
-sal: Drangsal, Labsal, Rinnsal, Schicksal u. a. m.
-e: Bitte, Güte, Höhe, Sorge, Stärke u. a. m.
-t: Fahrt, Naht, Schrift, Tracht u. a. m.
-st: Gespinst, Gewinst, Zwist u. a. m.
-ist: Bassist, Hornist, Lagerist, Marxist u. a. m.
-ling: Flüchtling, Häftling, Lehrling, Säugling u. a. m.
-rich: Enterich, Gänserich, Wüterich u. a. m.
-in: Ärztin, Hündin, Lehrerin, Zauberin u. a. m.
-er: Bäcker, Schlosser, Österreicher, Paarhufer, Jodler, Seufzer u. a. m.
-el: Krüppel, Wiesel, Schaufel, Würfel, Büschel, Bündel u. a. m.
-lein, -chen: Mütterlein, Mütterchen, Röslein, Röschen; heute ist -chen gebräuchlicher.
-ei: Bäckerei, Brauerei, Abtei, Pfarrei, Türkei u. a. m.
-ier: Offizier, Portier u. a. m.
-an, -aner, -iner, -enser, -ikus, -ant, -al, -ade: Veteran, Dominikaner, Badenser, Luftikus, Fabrikant, General, Kanonade u. a. m.
-ismus: Fatalismus, Sozialismus, Zionismus u. a. m.

Das Adjektiv (Eigenschaftswort)

W 47 Auch Adjektive gehören zu den deklinierbaren Wortklassen, außerdem sind sie steigerungsfähig, komparationsfähig.

Auch die Ordinalzahlen (nicht komparationsfähig)

der *dritte* Mann

und die Kardinalzahlen (nicht deklinierbar)

drei Männer

zählt man manchmal zu den Adjektiven.

Das Adjektiv wird verwendet:

1. attributiv (bei einem Nomen und dekliniert):
   Die *dicke* Lore sucht den *dünnen* Fred.
2. prädikativ (undekliniert):
   Lore ist *dick.*
3. adverbial (undekliniert):
   Lore singt *laut.*

W 48

Deklination der Adjektive

1. **Schwache Deklination** (Anwendung: Der **bestimmte** Artikel oder die Pronomina *dieser, jener, mancher, solcher, welcher, jeder, derselbe* stehen vor dem Adjektiv. Aber: Nach *manch, solch, welch* folgt **starke** Deklination.)

Singular		
Maskulinum	**Femininum**	**Neutrum**
der groß**e** Fluß des groß**en** Flusses dem groß**en** Fluß den groß**en** Fluß	die klar**e** Luft der klar**en** Luft der klar**en** Luft die klar**e** Luft	das sauber**e** Wasser des sauber**en** Wassers dem sauber**en** Wasser das sauber**e** Wasser
	Plural	
die groß**en** Flüsse der groß**en** Flüsse den groß**en** Flüssen die groß**en** Flüsse	die klar**en** Lüfte der klar**en** Lüfte den klar**en** Lüften die klar**en** Lüfte	die sauber**en** Gewässer der sauber**en** Gewässer den sauber**en** Gewässern die sauber**en** Gewässer

2. **Starke Deklination** (Anwendung: Das Adjektiv hat **keinen** Artikel bzw. kein Pronomen bei sich. Beachte! Nach *einige, etliche, manche, viele, wenige* u.a. ist die **starke** Deklination [Plural!] vorzuziehen.)

Singular		
Maskulinum	**Femininum**	**Neutrum**
gut**er** Wein gut**en** Weines gut**em** Wein[e] gut**en** Wein	gut**e** Arbeit gut**er** Arbeit gut**er** Arbeit gut**e** Arbeit	gut**es** Brot gut**en** Brotes gut**em** Brot[e] gut**es** Brot
	Plural	
gut**e** Weine gut**er** Weine gut**en** Weinen gut**e** Weine	gut**e** Arbeiten gut**er** Arbeiten gut**en** Arbeiten gut**e** Arbeiten	gut**e** Brote gut**er** Brote gut**en** Broten gut**e** Brote

3. **Gemischte Deklination** (Anwendung: Das Adjektiv hat den **unbestimmten** Artikel oder die Possessivpronomen oder die Zahlwörter *ein, kein, alle* bei sich.)

	Singular	
Maskulinum	**Femininum**	**Neutrum**
ein netter Kerl eines netten Kerles einem netten Kerle einen netten Kerl	seine kleine Freundin seiner kleinen Freundin seiner kleinen Freundin seine kleine Freundin	kein neues Bild keines neuen Bildes keinem neuen Bild(e) kein neues Bild
	Plural	
entfällt!	seine kleinen Freundinnen seiner kleinen Freundinnen seinen kleinen Freundinnen seine kleinen Freundinnen	keine neuen Bilder keiner neuen Bilder keinen neuen Bildern keine neuen Bilder

Deklination mehrerer Adjektive	
das nette, hilfsbereite, fröhliche Kind des netten, hilfsbereiten, fröhlichen Kindes dem netten, hilfsbereiten, fröhlichen Kind(e) das nette, hilfsbereite, fröhliche Kind ...... die netten, hilfsbereiten, fröhlichen Kinder der netten, hilfsbereiten, fröhlichen Kinder den netten, hilfsbereiten, fröhlichen Kindern die netten, hilfsbereiten, fröhlichen Kinder	nettes, hilfsbereites, fröhliches Kind netten, hilfsbereiten, fröhlichen Kindes nettem, hilfsbereitem, fröhlichem Kind(e) nettes, hilfsbereites, fröhliches Kind ...... nette, hilfsbereite, fröhliche Kinder netter, hilfsbereiter, fröhlicher Kinder netten, hilfsbereiten, fröhlichen Kindern nette, hilfsbereite, fröhliche Kinder

W 49 **Komparation** (Steigerung)

Steigerungsformen	**Positiv** (Grundstufe)	**Komparativ** (Steigerungsstufe)	**Superlativ** (Höchststufe)
regelmäßig	schwarz alt boshaft weit	schwärzer älter boshafter weiter	am schwärzesten am ältesten am boshaftesten am weitesten
unregelmäßig	gut viel	besser mehr	am besten am meisten
Nur zwei Steigerungsstufen	äußere – äußerste obere – oberste hintere – hinterste		innere – innerste untere – unterste vordere – vorderste
Verstärkung von Adjektiven	gerade – schnurgerade hoch – himmelhoch gemütlich – urgemütlich nackt – splitternackt		rund – kugelrund rot – blutrot tot – mausetot süß – zuckersüß

W 50 Fallsetzung bei Adjektiven

Mit dem Genitiv

ansichtig	froh	kundig	schuldig	unwürdig	verlustig
bewußt	gewärtig	mächtig	sicher	überdrüssig	voll
eingedenk	gewiß	müde	teilhaftig	verdächtig	würdig
fähig	habhaft	satt			

Mit dem Dativ

abtrünnig	behaglich	erwünscht	gewogen	nahe	unangenehm
ähnlich	behilflich	feindlich	gleich	nützlich	unbegreiflich
angeboren	bekannt	fremd	gleichgültig	recht	verbunden
angemessen	billig	gehorsam	gram	schuldig	verhaßt
angst	dienlich	geläufig	hold	treu	verwandt
bange	eigen	geneigt	leid	überlegen	willkommen
begreiflich	ergeben	gewachsen	lieb	unähnlich	zuträglich

Adjektive mit Präpositionen
(3. = Dativ – 4. = Akkusativ)

arm	→	an (3.)	gefaßt	→	auf (4.)
aufmerksam	→	auf (4.)	gefühllos	→	gegen (4.)
bange	→	vor (3.)	gesund	→	an (3.)
begierig	→	auf (4.)	glücklich	→	über (4.)
begierig	→	nach (3.)	krank	→	an (3.)
bekannt	→	mit (3.)	mildtätig	→	gegen (4.)
bescheiden	→	in (3.)	nachlässig	→	in (3.)
besorgt	→	um (4.)	nachsichtig	→	gegen (4.)
bewandert	→	in (3.)	neidisch	→	auf (4.)
böse	→	auf (4.)	neugierig	→	auf (4.)
ehrgeizig	→	nach (3.)	rot	→	vor (3.)
eifersüchtig	→	auf (4.)	sicher	→	vor (3.)
einfach	→	in (3.)	stolz	→	auf (4.)
empfänglich	→	für (4.)	streng	→	gegen (4.)
empfindlich	→	gegen (4.)	taub	→	gegen (4.)
fähig	→	zu (3.)	traurig	→	über (4.)
fertig	→	mit (3.)	verliebt	→	in (4.)
frei	→	von (3.)	verschieden	→	von (3.)
freigebig	→	gegen (4.)	verschwenderisch	→	mit (3.)
freundlich	→	gegen (4.)	voll	→	von (3.)
froh	→	über (4.)	zufrieden	→	mit (3.)

W 51 Bildung von Adjektiven

A) Wortbildung durch Zusammensetzung

1. mit Nomina: eiskalt, taghell, steinhart u. a. m.
2. mit anderen Adjektiven: hellrot, neureich, altklug u. a. m.
3. mit Verben: treffsicher, rauflustig, schreibfaul u. a. m.
4. mit Präpositionen: vorwitzig, nachlässig, überlaut u. a. m.
5. mit Numeralia: zweispännig, dreiseitig, vierkantig u. a. m.

B) Wortbildung durch Präfixe (Vorsilben)

erz-: erzdumm, erzfaul u. a. m.
ge-: geheim, gemein, gesund, gestreng u. a. m.
miß-: mißgünstig, mißgelaunt, mißmutig, mißvergnügt u. a. m.
un-: ungesund, unglücklich, unmutig, unschön u. a. m.
ur-: urkomisch, urplötzlich, ursprünglich u. a. m.

C) Wortbildung durch Suffixe (Nachsilben)

-bar: brauchbar, eßbar, haltbar, fruchtbar, schiffbar u. a. m.
-en, -n, -ern: golden, seiden, silbern, gläsern u. a. m.
-haft: fehlerhaft, krankhaft, meisterhaft, schwatzhaft u. a. m.
-ig: bärtig, diesig, lebendig, prächtig, unterwürfig u. a. m.
-isch: diebisch, teuflisch, närrisch; fränkisch, slawisch u. a. m.
-lich: bürgerlich, bläulich, männlich, widerlich u. a. m.
-sam: arbeitsam, duldsam, mühsam, schweigsam u. a. m.

Das Pronomen (Fürwort)

W 52 Die meisten Pronomen (auch: Pronomina) sind deklinierbar.
Oft vertreten sie das Nomen, stehen also für ein Nomen:

Er arbeitet hart.

Hier haben wir die echte pronominale, stellvertretende Verwendung.

Oder sie begleiten ein Nomen, weisen auf dieses hin:

diese Lehrerin *deine* Fußbälle

Wir sprechen dann von attributiver, pränominaler Verwendung.

Wir unterscheiden:

Personalpronomen (persönliches Fürwort): ich
Demonstrativpronomen (hinweisendes Fürwort): dieser
Possessivpronomen (besitzanzeigendes Fürwort): mein
Interrogativpronomen (fragendes Fürwort): wer?
Relativpronomen (bezügliches Fürwort): der, welcher
Reflexivpronomen (rückbezügliches Fürwort): sich
Indefinitpronomen (unbestimmtes Fürwort): jemand
Numeralpronomen (Menge und Zahl): einige

(Die Anredeformen der Personal- und Possessivpronomen schreibt man auf Karten und in Briefen mit großen Anfangsbuchstaben. Die ihr-Formen sind die Höflichkeitsformen. In den folgenden Tabellen erscheinen die Anredeformen kursiv gedruckt.)

W 53 **Personalpronomen** (persönliches Fürwort, Personenzeigwort)

Es ist für die Stellvertretereigenschaft typisch.

Deklination:

	Singular 1. Pers.	2. Pers.	3. Pers.			Plural 1. Pers.	2. Pers.	3. Pers.	Anrede
1. Fall (Nominativ) Wer?	ich	*du*	er	sie	es	wir	*ihr*	sie	**Sie**
2. Fall (Genitiv) Wessen?	meiner (mein)	*deiner (dein)*	seiner (sein)	ihrer	seiner	unser	*euer*	ihrer	**Ihrer**
3. Fall (Dativ) Wem?	mir	*dir*	ihm (sich)	ihr (sich)	ihm (sich)	uns	*euch*	ihnen (sich)	**Ihnen**
4. Fall (Akkusativ) Wen?	mich	*dich*	ihn (sich)	sie (sich)	es (sich)	uns	*euch*	sie (sich)	**Sie**

Anmerkung: (sich) ist das Reflexivpronomen (rückbezügliche Fürwort)

W 54 **Demonstrativpronomen** (hinweisendes Fürwort)

Sie werden beim Lesen besonders betont:

Nein, *diese* Suppe eß ich nicht!

Demonstrativpronomen sind:

männlich:	der	dieser	jener	solcher	derselbe
weiblich:	die	diese	jene	solche	dieselbe
sächlich:	das	dieses	jenes	solches	dasselbe

Deklination der Demonstrativpronomen „der“ – „die“ – „das“

	Singular männlich	weiblich	sächlich	Plural m. w. s.
1. Fall (Nom.)	der	die	das	die
2. Fall (Gen.)	dessen	deren	dessen	deren
3. Fall (Dat.)	dem	der	dem	denen
4. Fall (Akk.)	den	die	das	die

Die Deklination der Demonstrativpronomen „dieser“, „diese“, „dieses“ – „jener“, „jene“, „jenes“

	Singular männl.	weibl.	sächl.	Plural m. w. s.	Singular männl.	weibl.	sächl.	Plural m. w. s.
1. Fall	dieser	diese	dieses	diese	jener	jene	jenes	jene
2. Fall	dieses	dieser	dieses	dieser	jenes	jener	jenes	jener
3. Fall	diesem	dieser	diesem	diesen	jenem	jener	jenem	jenen
4. Fall	diesen	diese	dieses	diese	jenen	jene	jenes	jene

W 55 **Possessivpronomen** (besitzanzeigendes Fürwort)

Es bezeichnet nicht nur das Besitzverhältnis, sondern auch die Zuordnung eines Dinges zu einem anderen.

Deklination der Possessivpronomen

(Jedes Personalpronomen läßt sich mit **jedem** Possessivpronomen verbinden)

Pronomen	**Singular** männlich	weiblich	sächlich	**Plural** m.w.s.
	1. mein	meine	mein	meine
	2. meines	meiner	meines	meiner
ich	3. meinem	meiner	meinem	meinen
	4. meinen	meine	mein	meine
	1. *dein*	*deine*	*dein*	*deine*
du	2. *deines*	*deiner*	*deines*	*deiner*
	3. *deinem*	*deiner*	*deinem*	*deinen*
	4. *deinen*	*deine*	*dein*	*deine*
	1. sein	seine	sein	seine
er	2. seines	seiner	seines	seiner
es	3. seinem	seiner	seinem	seinen
	4. seinen	seine	sein	seine
	1. *ihr*	*ihre*	*ihr*	*ihre*
	2. *ihres*	*ihrer*	*ihres*	*ihrer*
sie	3. *ihrem*	*ihrer*	*ihrem*	*ihren*
	4. *ihren*	*ihre*	*ihr*	*ihre*
	1. unser	uns[e]re	unser	uns[e]re
	2. uns[e]r[e]s	uns[e]rer	uns[e]r[e]s	uns[e]rer
wir	3. uns[e]r[e]m	uns[e]rer	uns[e]r[e]m	uns[e]r[e]n
	4. uns[e]ren	uns[e]re	unser	uns[e]re
	1. *euer*	*eure*	*euer*	*eure*
	2. *eures*	*eurer*	*eures*	*eurer*
ihr	3. *eurem*	*eurer*	*eurem*	*euren*
	4. *euren*	*eure*	*euer*	*eure*
	1. *ihr*	*ihre*	*ihr*	*ihre*
	2. *ihres*	*ihrer*	*ihres*	*ihrer*
sie	3. *ihrem*	*ihrer*	*ihrem*	*ihren*
	4. *ihren*	*ihre*	*ihr*	*ihre*

Zumeist stehen sie vor dem Nomen.

Deklinationsbeispiel:

Maskulinum	**Femininum**	**Neutrum**
Singular		
mein Garten	mein**e** Mappe	mein Buch
mein**es** Gartens	mein**er** Mappe	mein**es** Buches
mein**em** Garten	mein**er** Mappe	mein**em** Buch[e]
mein**en** Garten	mein**e** Mappe	mein Buch
Plural		
mein**e** Gärten	mein**e** Mappen	mein**e** Bücher
mein**er** Gärten	mein**er** Mappen	mein**er** Bücher
mein**en** Gärten	mein**en** Mappen	mein**en** Büchern
mein**e** Gärten	mein**e** Mappen	mein**e** Bücher

Diese Possessivpronomen wurden wie Adjektive gebraucht. Es gibt aber auch Possessivpronomen, die wie Nomina angewandt werden (jedem *das Seine*).

Hier sind ihre Formen (Groß- und Kleinschreibung ist möglich):

Singular			Plural		
(ich)	der	meine	(wir)	der	unsre
(du)	die	deine	(ihr)	die	eure
(er, es)	das	seine	(sie)	das	ihre
(sie)		ihre			

W 56 **Interrogativpronomen** (fragendes Fürwort)

Sie leiten Fragen nach einer Person, einer Sache oder einem Vorgang ein:

Wer hat das getan?

Deklination der Interrogativpronomen „wer?" – „was?" / „welcher?" – „welche?" – „welches?"

	ohne Nomen gebraucht			**mit und ohne Nomen gebraucht**			
	Singular und **Plural**			**Singular**			**Plural**
	männl.	weibl.	sächl.	männl.	weibl.	sächl.	m. w. s.
1.	wer?	wer?	was?	welcher?	welche?	welches?	welche?
2.		wessen?	(wes?)	welchen[es]?	welcher?	welchen[es]?	welcher?
3.		wem?		welchem?	welcher?	welchem?	welchen?
4.	wen?	wen?	was?	welchen?	welche?	welches?	welche?

Deklination des Interrogativpronomens „was für ein?"

1. mit Nomen

	Singular			**Plural**
	männlich	sächlich	weiblich	m. s. w.
1.	was für ein...?	was für ein...?	was für eine...?	was für...?
2.	was für eines...?	was für eines...?	was für einer...?	was für...?
3.	was für einem...?	was für einem...?	was für einer...?	was für...?
4.	was für einen...?	was für ein...?	was für eine...?	was für...?

2. ohne Nomen

	Singular			**Plural**
	männlich	sächlich	weiblich	m. s. w.
1.	was für einer?	was für ein[e]s?	was für eine?	was für welche?
2.	was für eines?	was für eines?	was für einer?	was für welcher?
3.	was für einem?	was für einem?	was für einer?	was für welchen?
4.	was für einen?	was für ein[e]s?	was für eine?	was für welche?

W 57 **Relativpronomen** (bezügliches Fürwort)

(siehe auch S 55)

Es leitet einen Gliedsatz ein und hat das grammatische Geschlecht und den Numerus des Wortes, auf das es sich bezieht:

Der Polizist antwortete *den Passanten, die* ihn nach dem Weg fragten.
Der Polizist, mit dem ich angle, ist Münchener.
Der Polizist, dessen Auto dort steht, ist mein Freund.

Deklination der Relativpronomen
„der", „die", „das" / „welcher" – „welche" – „welches"

	Singular männl.	Singular sächl.	Singular weibl.	Plural m. s. w.	Singular männl.	Singular sächl.	Singular weibl.	Plural m. s. w.
1.	der	das	die	die	welcher	welches	welche	welche
2.	dessen (des)		deren (des)	deren (derer)	dessen (des)		deren (des)	deren (derer)
3.	dem		der	denen	welchem		welcher	welchen (denen)
4.	den	das	die	die	welchen	welches	welche	welche

Neben *der, die, das* und *welcher, welche, welches* wird noch **wer, was** gebraucht:

Meist stehen Relativnebensätze, die durch „wer" oder „was" eingeleitet werden, vor dem Hauptsatz:

Wer das getan hat, der ist ein Schuft.
Wessen Herz voll ist, dem fließt der Mund über.
Wem das nicht paßt, der kann ja gehen.
Was lange währt, wird endlich gut.
Alles, was er sagte, klang richtig.

Was darf nur gebraucht werden, wenn es sich auf einen ganzen Satz oder auf die unbestimmten Pronomen ,,alles, etwas, vieles, manches, nichts'' bezieht.

W 58 **Reflexivpronomen** (rückbezügliches Fürwort)

Wenn Subjekt und Objekt eines Satzes dieselbe Person oder Sache bezeichnen, gebraucht man für das Objekt das Reflexiv-Pronomen:

Sie kämmt *sich.*
Ich habe *mich* geirrt.
Ich bin *meiner* nicht sicher.

(siehe auch W34)

	Singular 1. Person	Singular 2. Person	Singular 3. Person	Plural 1. Person	Plural 2. Person	Plural 3. Person
Akk.	mich	dich	*sich*	uns	euch	*sich*
Dat.	mir	dir	*sich*	uns	euch	*sich*
Gen.	meiner	deiner	seiner selbst ihrer selbst	unser	euer	ihrer selbst

W 59 **Indefinitpronomen** (unbestimmtes Fürwort)

Sie bezeichnen ganz allgemein und unbestimmt Personen oder Sachen:

Einer hat gepfiffen. Hier ist *niemand.*

Deklination indefiniter Pronomen
„jemand“, „niemand“, „jedermann“, „keiner“, „einer“

1.	jemand	niemand	jedermann	keiner	einer
2.	jemandes	niemandes	jedermanns	keines	eines
3.	jemand[em]	niemand[em]	jedermann	keinem	einem
4.	jemand[en]	niemand[en]	jedermann	keinen	einen

W 60 **Numeralpronomen** (Fürwörter der Menge und Zahl)

Alle freuten sich über die *beiden.*

Zu den Numeralpronomen zählt man: ein, einer, zwei, beide, viele, einige, einzelne, mehrere, wenige, alle, jeder, mancher, keiner, etwas, nichts, alles.

Der Artikel (Geschlechtswort)

W 61 Er gibt das grammatische Geschlecht an, das nicht mit dem natürlichen übereinzustimmen braucht.

Der definite (bestimmte) Artikel wird verwendet, wenn das begleitete Nomen etwas eindeutig Gemeintes bezeichnet.

Der indefinite (unbestimmte) Artikel bezeichnet irgendeine Person oder Sache.

Deklination:

Der bestimmte Artikel		**Singular** männl.	weibl.	sächl.	**Plural** m. w. s.
1. Fall (Nominativ)	Wer? Was?	der	die	das	die
2. Fall (Genitiv)	Wessen?	des	der	des	der
3. Fall (Dativ)	Wem?	dem	der	dem	den
4. Fall (Akkusativ)	Wen? Was?	den	die	das	die

Der unbestimmte Artikel		**Singular** männl.	weibl.	sächl.	**Plural**
1. Fall (Nominativ)	Wer? Was?	ein	eine	ein	
2. Fall (Genitiv)	Wessen?	eines	einer	eines	(Gibt es nicht!)
3. Fall (Dativ)	Wem?	einem	einer	einem	
4. Fall (Akkusativ)	Wen? Was?	einen	eine	ein	

Man kann *der, die, das* auch als Demonstrativpronomen, *ein, eine, ein* als Numeralpronomen bezeichnen.

Die Partikeln

W 62 Im Begriff Partikel fassen wir alle inflexiblen (unbeugbaren) Wortklassen zusammen, es sind dies:

Das Adverb (Umstandswort): hier
Die Präposition (Verhältniswort): auf
Die Konjunktion und Subjunktion (Bindewörter): und, weil
Die Interjektion (Ausrufewort): hurra

Das Adverb (Umstandswort)

W 63 Die Adverbien helfen uns, innerhalb eines Satzes die Umstände näher zu kennzeichnen. Sie sind inflexibel

Im strengen Sinne Adverbien sind:

W 64 **Lokaladverb** (Umstandswort des Ortes)

Ich sehe *dort* die neue Sprungschanze.

Dazu gehören:

a) wo?: hier, da, dabei, daneben, daran, darauf, darin, darüber, darunter, dazwischen, außen, draußen, oben, droben, unten, drunten, innen, drinnen, hüben, drüben, vorn, hinten, rechts, links, diesseits, jenseits, gegenüber, irgendwo, nirgends, allerorts, allenthalben, überall u. a.

b) woher?: daher, dorther, irgendwoher, überallher u. a.

c) wohin?: dahin, dorthin, darein, hinweg, hinab, auf-, ab-, seit-, vor-, rück-, heimwärts, heim, fort, weg, irgendwohin, überallhin, herab, herauf, herein, hinein, hinunter u. a.

W 65 **Temporaladverb** (Umstandswort der Zeit)

Die Zeitung kommt erst *morgen.*

Dazu gehören:

a) wann?: immer, nimmer, niemals, nun, jetzt, soeben, da, dann, darauf, damals, ehemals, früh, früher, sonst, nachher, danach, hernach, spät, später, einstmals, einst, neulich, unlängst, nächstens, künftig, sogleich, sofort, bald, heute, gestern, vorgestern, anfangs, endlich, morgens, mittags, abends, nachts u. a.

b) wie lange?: seither, bisher, bis dahin, bis heute, bis jetzt, für immer, immerfort, unterdessen, einstweilen, zeitlebens, noch, lange, eine Zeitlang u. a.

c) wie oft?: mitunter, bisweilen, zuweilen, manchmal, oft, häufig, selten, dann und wann, öfters, oftmals, nochmals, abermals, einmal, zweimal, jährlich, wöchentlich, monatlich, stündlich u. a.

W 66 **Kausaladverb** (Umstandswort des Grundes)

Er konnte *deshalb* nicht kommen.

Dazu gehören:

warum? – weshalb? – weswegen?: darum, deshalb, daher, demnach, deswegen, weswegen, darob, freilich, allerdings, wahrlich, zwar, keineswegs, wohl, doch, durchaus, gewiß, wirklich, sicherlich u. a. m.

W 67 **Relativadverb** (Umstandswort, das eine Beziehung ausdrückt)

Dies ist das Land, *wo* die Zitronen blühen.

W 68 **Interrogativadverb** (Fragewort)

Mit den Interrogativadverben fragen wir nach Inhalten des Satzes:

Wo? Wohin? Woher?	lokal
Wann? Wie oft? Wie lange?	temporal
Wie?	modal
Warum? Weshalb? Weswegen?	kausal
Wozu?	final
Womit? Wodurch?	instrumental

W 69 **Modaladverb** (Umstandswort der Art und Weise)

Wir kommen *gern.*

Dazu gehören:

wie? – wie sehr?: gänzlich, wahrlich, wissentlich, blindlings, jählings, flugs, dergestalt, ebenso, ebenfalls, gleichsam, vergebens, zufällig, glücklicherweise, teilweise, paarweise, äußerst, außerordentlich, völlig, sogar, allzu, ziemlich, überaus, kaum, fast u. a.

Im weiteren Sinne gelten in der traditionellen Grammatik als Adverbien auch die Fälle, in denen ein Adjektiv adverbial (W47) gebraucht wird:

Der Himmel leuchtet *blau.* The man walks *slowly.*

W 70 **Bildung von Adverbien**

1. Bildung mit dem Genitiv-s:

a) von Nomina: nachts, morgens, anfangs, flugs u. a.

b) von anderen Wortarten: bestens (am besten), nächstens (am nächsten), eilends (eilend), zusehends (zusehend) u. a.

2. Bildung durch Zusammensetzung: ebenfalls, allenthalben, abseits, unsererseits, beizeiten, fürwahr, bergab, kopfüber u. a.

3. Mit den Nachsilben -lich, -lings: ewiglich, gänzlich, wahrlich, gewißlich, blindlings, jählings, rücklings u. a.

Die Präposition (Verhältniswort)

W 71 Alle Präpositionen beeinflussen die Deklination. Sie regieren bestimmte Fälle des Nomens oder Pronomens. Danach wird auch die Einteilung vorgenommen.

W 72 **Präpositionen mit dem Genitiv**

Die Farm liegt *jenseits* des Flusses.

Den Genitiv regieren:

außerhalb und innerhalb,
oberhalb und unterhalb,
diesseits, jenseits, halber,
unweit, unfern, ungeachtet,
kraft, vermittels, laut, vermöge,
statt, um – willen, während, wegen,
längs und trotz.

„wegen“ und „ungeachtet“ stehen bald vor, bald hinter dem Nomen:
Wegen des schlechten Wetters und des schlechten Wetters wegen.

„halber“ steht immer hinter dem Nomen:
Der Form halber stattete er ihr einen Besuch ab.

Weitere Präpositionen mit dem Genitiv sind auch:
betreff, hinsichtlich, zwecks, bezüglich, angesichts.

W 73 **Präpositionen mit dem Dativ**

Er spielt *mit* der Eisenbahn.

Die nun folgenden Präpositionen können als „echt“ gelten, da sie aus Adverbien entstanden sind.

Den Dativ regieren:
aus, bei, von, nach, nächst, nebst, außer, zu, seit, mit, samt, trotz.

Seltenere Präpositionen mit dem Dativ sind:

binnen: Hier steht neben dem Dativ auch der Genitiv:
binnen einem Monat und binnen weniger Monate.

zufolge: Hier steht der Dativ, wenn „zufolge“ nachgestellt wird: seinem Rat zufolge Wird „zufolge“ vorangestellt, so verwendet man den Genitiv: zufolge dieser Verordnung.

entlang: Wird „entlang“ nachgestellt, so hat es den Akkusativ bei sich: die Straße entlang; wird es vorangestellt, regiert es den Dativ: entlang der Straße.

gemäß: Diese Präposition mit dem Dativ kann vor- und nachgestellt werden:
deiner Auskunft gemäß und gemäß deiner Auskunft.

entgegen, gegenüber und zuwider können vor- und nachgestellt werden:
dem Alter gegenüber und gegenüber dem Alter.

W 74 **Präpositionen mit dem Akkusativ**

Er schleicht *durch* den Kellergang.

Den Akkusativ regieren:
für, durch, um, ohne, gegen, wider.

Veraltet sind „sonder“ = ohne er spricht sonder Scheu und „gen“ = gegen gen Himmel; „entlang“ hinter dem Substantiv kann auch den Akkusativ haben: Sie zogen die Straße entlang.

W 75 **Präpositionen mit dem Dativ und Akkusativ**

Dativ	Akkusativ
Ruhe	Bewegung
Wo?	Wohin?
Ich wohne an *dem* See.	Wir ziehen an *den* See.

Bald den Dativ, bald den Akkusativ regieren:
an, auf, hinter, neben, in, über, unter, vor, zwischen

Die Konjunktion und Subjunktion (Bindewörter)

W 76 **Konjunktionen** verbinden Satzglieder oder Sätze.

Subjunktionen leiten Gliedsätze ein. Man könnte die Subjunktionen auch als unterordnende Konjunktionen bezeichnen.

W 77 **Konjunktionen**

verbinden zwei oder mehr Wörter: Max *und* Moritz

Wortgruppen: Die bösen Buben *und* die arme Witwe Bolte kennt ein jeder.

Sätze gleichen Ranges: Max und Moritz angelten die Hühner, *und* die Witwe schrie. (Satzreihe)

Als Max und Moritz die Hühner angelten *und* als diese entschwebten, schrie die Witwe.

1. Kopulative (anreihende) Konjunktionen in Satzreihen:
und, auch, und auch, so auch, ebenfalls, gleichfalls, sowohl – als (wie) auch, nicht nur – sondern auch, selbst, sogar, zudem, insbesondere, überdies, ja, ja sogar, außerdem, nämlich, und zwar, bald – bald, teils – teils, einesteils – andernteils, einerseits – anderseits, erstens – zweitens – drittens, erst, zuerst, dann, darauf, endlich, zuletzt, ferner, schließlich, später u. a.

2. Disjunktive (ausschließende) Konjunktionen in Satzreihen:
oder, entweder – oder, sonst, andernfalls

3. Kausale (begründende) Konjunktionen in Satzreihen:
denn, nämlich, ja, doch; also, folglich, infolgedessen, mithin, somit, sonach, demnach, daher, darum, deswegen, deshalb; dazu, darum; sonst, andernfalls; zwar – aber, trotzdem.

4. Adversative (entgegensetzende) Konjunktionen in Satzreihen:
aber, allein, doch, jedoch, dennoch, dagegen, hingegen, indes, indessen, gleichwohl, vielmehr, nur, hinwiederum, nichtsdestoweniger, sondern (nach verneintem Satzteil).

W 78 **Subjunktionen** (unterordnende Bindewörter)

Die Witwe Bolte schrie, *als* die Hühner entschwebten,
weil sie das gespenstisch fand.

1. Temporale Subjunktionen (zeitbestimmende)
während, indem, solange, sooft, als, wie, wenn, nun, nachdem, sobald, seitdem, bis, ehe, bevor

2. Modale Subjunktionen (die Art und Weise bestimmende)
indem, als, als ob, als wenn, inwiefern, soweit, ohne daß, kaum daß, statt daß

3. Kausale Subjunktionen (begründende)
weil, da, zumal, wo doch (rein kausal)
daß, so daß (konsekutiv, folgernd)
damit, daß (final, den Zweck angebend)
wenn, falls, sofern (konditional, die Bedingung angebend)
obgleich, obwohl, wenn auch, wenngleich (konzessiv, einräumend)
indem, damit, daß (instrumental, das Mittel angebend)

W 79 Verbfügwörter

Die Verbfügwörter
zu, um zu, ohne zu, anstatt zu
werden manchmal als eigene Gruppe innerhalb der Partikeln gezählt.

W 80 Interjektion (Ausrufewort)

Man nennt sie auch Empfindungswörter

1. Kummer und Schmerz: ach! weh!
2. Freude: ah! ei! juchhe! heißa!
3. Verwunderung: hoho! potztausend!
4. Unwillen und Furcht: pfui! hu! brr!
5. Zweifel: so! hm!
6. Zuruf: heda! holla! hallo!

Dazu treten alle Schallnachahmungen, wie Platsch!

W 81 **Aufbau einer Wortfamilie**

Wesen

Alle von einem Stammwort gebildeten neuen Wörter bilden eine Wortfamilie. Die Familienähnlichkeit besteht im gemeinsamen Stamm des Mutterwortes. Dieser gemeinsame Stamm zeigt allerdings manchmal Veränderungen, die hervorgerufen sind durch

den Ablaut: B**i**nde, B**a**nd, B**u**nd;
den Umlaut: R**ö**slein, B**ä**ndchen, h**ä**uslich;
den Mitlautwandel: schnei**d**en – Schni**tt**; zie**h**en – Zu**g**.

W 82 **Ableitung durch Vor- und Nachsilben** (siehe W 41, W 46, W 51)

W 83 Grund- und Bestimmungswort

Von den beiden Gliedern einer Zusammensetzung enthält das zweite den Grundbegriff, der durch das erste Glied näher bestimmt wird:

Ofen-tür, Stall-tür, Zimmer-tür.

Das Grundwort ist Tür, das Bestimmungswort, welches angibt, was für eine Tür gemeint ist, heißt hier Ofen, Stall, Zimmer. Die Betonung liegt auf dem Bestimmungswort.

Satzlehre (Syntax)

S 01 Leistung der Sätze

Folgender Text aus Jules Vernes Zukunftsroman über den ersten Mondflug „De la terre à la lune" wäre in dieser Form schwer verständlich:

> Das Interesse der Öffentlichkeit richtete sich jetzt auf das Mondgefährt in der ersten Planung vertrat B. seine Meinung daß es auf die Form wenig ankomme da es sich ja nur ganz kurz in der Atmosphäre befinde im luftleeren Raum spiele die Form keine Rolle deshalb habe sich der Planungsausschuß des Kanonenclubs anfangs für eine Kugel entschieden die sich auf dem Flug nach Belieben verhalten könne.

Erst wenn wir diesen Text in Sinnzusammenhänge aufgliedern, werden seine Informationen verständlich. Sätze gliedern die Rede

S 02 Bauformen

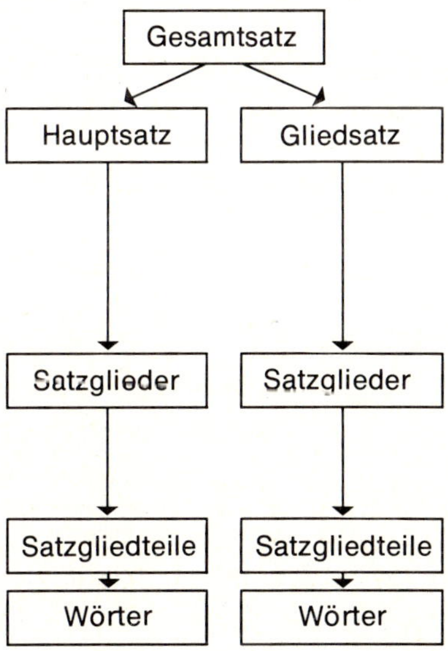

Hauptsatz: In der ersten Planung vertrat B. seine Meinung

Gliedsatz 1: daß es auf die Form wenig ankomme

Gliedsatz 2: da es sich ja nur ganz kurz in der Atmosphäre befindet.

In der ersten Planung /

vertrat /

B. / usw.

ersten
seine

in / der / ersten / Planung

Hauptsatz und Gliedsatz, Satzglieder und Satzgliedteile müssen im folgenden unterschieden werden.

S 03 **Satzglieder**

Diese werden bestimmt durch die Verschiebeprobe und durch die Ersatzprobe (Dependenzprobe)

S 04 **Die Verschiebeprobe**

Die Transformationsgrammatik (S61) würde hierbei von einer Permutation innerhalb eines Hauptsatzes sprechen:

In der ersten Planung / *vertrat* / der energische B. / seine Meinung / mit Nachdruck /.
Der energische B. / *vertrat* / in der ersten Planung / seine Meinung / mit Nachdruck /.
Seine Meinung / *vertrat* / der energische B. / in der ersten Planung / mit Nachdruck /.
Mit Nachdruck / *vertrat* / in der ersten Planung / der energische B. / seine Meinung/.

Wörter bzw. Wortgruppen, die sich sinnvoll verschieben lassen, sind Satzglieder.

Bis auf den Fragesatz steht das Verb immer in einer Achsenstellung.

Hier wären also Satzglieder:

vertrat
in der ersten Planung
der energische B.
seine Meinung
mit Nachdruck

S 05 **Die Ersatzprobe**

Wir lassen bei der Ersatzprobe das Verb unangetastet. Es regiert die folgenden Wörter als Regens. Von ihm hängt jedes Satzglied, jedes Dependens ab. Daher wird die Ersatzprobe auch Dependenzprobe genannt.

Bei dieser Ersatzprobe werden für alle Wortgruppen bzw. Wörter Ersatzwortgruppen bzw. Ersatzwörter, sog. Dependentien, gesucht, die vom gegebenen Verb, vom Regens, sinnvoll abhängig sein müssen. Der Inhalt des Satzes darf sich dabei ändern.

Der energische B.	vertrat	in der Planung	seine Meinung	mit Nachdruck.
Sie	vertrat	gestern	die Kollegin	erfolglos.
Gerd	vertrat	in der Sitzung	den Plan	mit Begeisterung.
Maren	vertrat	beim Sportfest	die Klasse	gut.

Sinnvoll abhängig und damit Satzglieder sind:

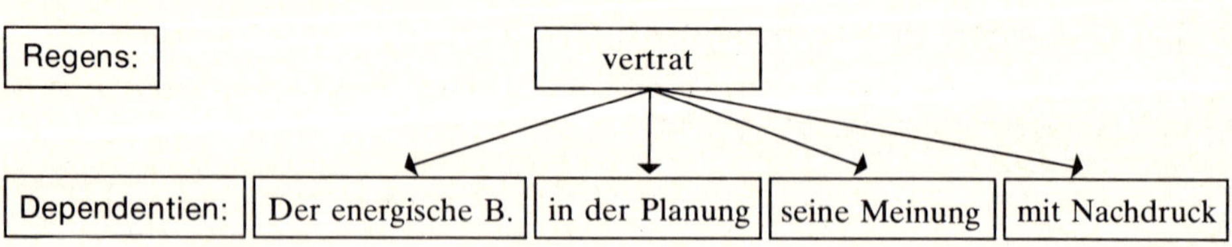

S 06 **Satzgliedteile**

In der Verschiebeprobe blieben ersten energische immer bei ihrem Nomen. Im Dependenzbeispiel würden sie nicht unmittelbar vom Verb abhängen, sondern von anderen Wortgruppen oder Wörtern.
Solche Teile von Satzgliedern nennt man kurz Satzgliedteile.

S 07 Traditionelle Syntax

Ausgangspunkt der traditionellen Syntax ist der einfache Satz:

Der Lastwagen	brummt.
Subjekt	Prädikat

Die Arten der Sätze und ihre Schlußzeichen

Aussagesatz	Ausrufesatz	Wunschsatz	Befehlssatz	Fragesatz
Er schläft. (Punkt)	Schön schläft er!	Könnte ich doch schlafen!	Schlaf! Schlafen Sie!	Schläft er? (Fragezeichen)

Ausrufesatz, Wunschsatz, Befehlssatz: (Ausrufezeichen)
(Bei Wunschsätzen genügt mitunter ein Punkt)

S 08 **Das Subjekt** (Satzgegenstand) (siehe auch S 29)

Das Subjekt ist das Satzglied, von dem etwas ausgesagt, von dem etwas erzählt wird. Das Subjekt antwortet auf die Fragen:
Wer oder was tut etwas? Was ist? Wer ist?

Es steht im Nominativ.

Die Schüler spielen auf dem Hof.
Das Spielen ist gesund.
Heinz ist fröhlich.

S 09 **Das Prädikat** (Satzaussage) (siehe auch S 25)

Das Prädikat ist das Satzglied, in dem etwas vom Subjekt ausgesagt wird. Das Prädikat antwortet auf die Fragen:

Was tut das Ding? Was wird mit dem Ding getan?

Der Hund *bellt.*
Der Hund *wird gefüttert.*

Die traditionelle Syntax kennt noch das Prädikatsnomen:

Der Hund *ist ein Haustier.*
Der Hund *ist wild.* (siehe S 35, S 36)

S 10 **Satzglieder im erweiterten einfachen Satz**

Der einfache Satz mit seinen Ur-Bestandteilen Subjekt und Prädikat wird erweitert durch die Satzglieder
Objekt,
adverbiale Bestimmung und durch das Satzgliedteil
Attribut.

S 11 **Das Objekt (Ergänzung)**

Der Satz Hanni holt. ist in dieser Form ungrammatisch.

Er bedarf einer Ergänzung, die das Ziel der Handlung nennt oder den Gegenstand, der von dieser Handlung betroffen wird:
Hanni holt das Fahrrad.

Dabei bestimmt das Verb (W 37), in welchem Kasus das Objekt zu stehen hat. Danach unterscheiden wir die Objekte.

S 12 **Akkusativobjekt** (Ergänzung im 4. Fall)

Es bezeichnet jenes Ding oder Wesen, das von der Handlung betroffen wird, das Zielpunkt einer Handlung ist. (siehe auch transitive Verben W 34, W 35)

Zum Akkusativobjekt führt die Frage: ,,Wen oder was?"
Ich wasche *den Wagen.*

S 13 **Dativobjekt** (Ergänzung im 3. Fall)

Das Dativobjekt steht bei vielen Verben, die Handlungen im persönlichen Bereich abbilden. Zum Dativobjekt führt die Frage: ,,Wem?"
Ich vertraue *dem Freund.*

S 14 **Genitivobjekt** (Ergänzung im 2. Fall)

Es wird nur noch bei feierlichen Anlässen verwendet. Zum Genitivobjekt führt die Frage: ,,Wessen?"
Wir gedenken *des Toten.*

S 15 **Präpositionales und doppeltes Objekt**

1. Präpositionales Objekt

Hier verlangt ein Verb eine Präposition:
Ich achte *auf meine Linie.*
Bronze besteht *aus Kupfer und Zinn.*
Die Grenzen zur Umstandsbestimmung (S 17) sind fließend. Der Grammatik-Duden sagt unter § 6015 darüber Näheres aus. Er nennt unter § 6000 über 250 Verben, die eine Präposition verlangen.

2. Doppeltes Objekt

Viele Verben können zwei Objekte haben. (siehe auch S 27 ,,Valenz")
Der Vater gibt *dem Sohne das Taschengeld.*

S 16 **Das Erfragen der Fälle auf einen Blick:**

1. Fall	Werfall	Nominativ	{ Wer? (bei Personen) Was? (bei Sachen)	Wer kommt? → (der Freund) Was brennt? → (das Haus)
2. Fall	Wesfall	Genitiv	Wessen?	Wessen gedenken wir? → (der Toten)
3. Fall	Wemfall	Dativ	Wem?	Wem helft ihr? → (dem Verunglückten)
4. Fall	Wenfall	Akkusativ	{ Wen? (bei Personen) Was? (bei Sachen)	Wen grüßen wir? → (die Mutter) Was erwarte ich? → (meinen Urlaub)

S 17 **Adverbiale Bestimmungen (Umstandsbestimmungen)**

Der Satz Wir spielen. verlangt nach einer Ergänzung (z. B. Fußball). Dazu können Erläuterungen der näheren Umstände treten:

auf dem Hof von drei bis vier aus Langeweile

Solche Erläuterungen nennen wir adverbiale (zum Verb gehörige) Bestimmungen.

S 18 **Lokaladverbiale** (Umstandsbestimmung des Ortes)

Wo?	Das Schiff liegt *im Hafen.*
Wohin?	Das Schiff fährt *nach Bremen.*
Woher?	Das Schiff kam *aus New York.*

S 19 **Temporaladverbiale** (Umstandsbestimmung der Zeit)

Wann?	*Am Sonnabend* sind die Banken geschlossen.
Seit wann?	Ich arbeite *seit gestern* daran.
Bis wann?	Wir sangen *bis in den frühen Morgen.*
Wie lange?	*Den Sommer über* bleiben wir in Italien.
Wie oft?	Du schreibst mir *täglich.*

S 20 **Modaladverbiale** (Umstandsbestimmung der Art und Weise)

Wie?	Wir tanzten *wild.*
Wieviel?	Du arbeitest *zuviel.*
Wie sehr?	Die Mücken plagten uns *bis aufs Blut.*
Mit was?	Er ging *mit dem* (ohne das) *Frühstück* weg.
Wie lang, schwer?	Er wog *hundert Kilogramm.*
Woraus?	Brücken baut man *aus Stein.*

S 21 **Kausaladverbiale** (Umstandsbestimmung des Grundes)

Warum?	Er konnte *vor Schmerzen* nicht schlafen.
Wozu?	Ich gebe dir Geld *zum Einkaufen* mit.
Wodurch?	Er wurde *durch eine Notoperation* gerettet.

In die Kausaladverbialen lassen sich einordnen:

Konditionaladverbiale (Umstandsbestimmung der Bedingung)
Unter welcher Bedingung? *Bei Vorauszahlung* verkaufen wir billiger.

Konsekutivadverbiale (Umstandsbestimmung der Folge)
Mit welcher Wirkung? Er arbeitet *zu unserer Zufriedenheit.*

Konzessivadverbiale (Umstandsbestimmung der Einräumung)
Trotz welchen Umstandes? *Trotz der Warnung* badete er.

Instrumentaladverbiale (Umstandsbestimmung des Mittels)
Womit? Ich fahre *mit dem Auto* nach Passau.

S 22 **Das Attribut (Beifügung)**

Es bildet mit einem Nomen ein (nur mit diesem zusammen verschiebbares) Satzglied. Es ist daher ein Satzgliedteil.

Adjektivattribut: das *große, behagliche* Bett
Genitivattribut: das Bett *meines Vaters*
adverbiales Attribut: dieser Baum *hier*
präpositionales Attribut: die Männer *von der Post*
Apposition (Beisatz): Albrecht Dürer, *der große deutsche Maler, . . .*
Attribut als Numerale (Zahlwort): *vier* Äpfel

zu S 07 bis S 22

Überblick:

Satzglieder, Satzgliedteile der traditionellen Syntax

1. Prädikat (Satzaussage) Ich *esse.*	2. Subjekt (Satzgegenstand) *Ich* esse.	3. Adverbiale Best. (Umstandsbest.)	4. Objekt (Satzergänzung)	5. Attribut = Satzgliedteil (Beifügung)

Arten der Adverbialen Bestimmungen

1. des Ortes (lokal): wo? – woher? – wohin?
2. der Zeit (temporal): wann? – wie lange? – seit wann? – wie oft?
3. der Art und Weise (modal): wie? – wie sehr?
4. des Grundes (kausal): warum? – weshalb? – wozu?
5. der Bedingung (konditional): unter welcher Bedingung?
6. der Folge (konsekutiv): mit welcher Folge?
7. des Mittels (instrumental): womit? – wodurch?
8. der Einräumung (konzessiv): trotz welchen Umstandes?

Arten der Objekte

1. Genitivobjekt: Wir gedenken *der Toten.*
2. Dativobjekt: Ich antworte *dem Lehrer.*
3. Akkusativobjekt: Ich hole *die Bücher.*
4. Präpositionales Objekt: Ich spiele *mit dem Vater.*

Arten der Attribute (Satzgliedteile!)

1. Adjektivisches Attribut: die *netten* Kinder
2. Genitivattribut: Die Autos *der Nachbarn*
3. Präpositionales Attribut: Das Haus *an der Bergstraße*
4. Adverbiales Attribut:
   a) lokal: die Fabrik *dort*
   b) temporal: die Stunde *gestern*
   c) modal: Das *kaum* Erhoffte trat ein.
5. Pronominales Attribut: *jener* Mann
6. Attribut als Numerale: *sieben* Zwerge
7. Apposition (Beisatz): Hans, *unser bester Sportler;* Karl *der Kühne*
8. Als Infinitiv mit „zu“, z. B. im Satz: Die Fähigkeit *zu warten* besaß er nicht.

Funktionale Syntax

S 23 **Satzglieder**

Die funktionale Syntax will nicht katalogisieren, sondern Beziehungen aufzeigen. Sie verzichtet daher auf peinlich genaue Untergliederungen und kennt nur folgende Satzglieder:

Vereinfachte Darstellung:

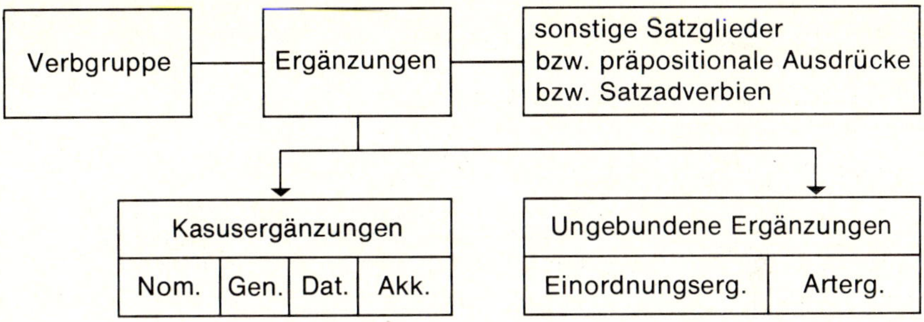

Im Sinne dieses Verzichts auf detaillierte Katalogisierung ist es nur wichtig, die Verbgruppe (das Prädikat), die Einordnungs- und Artergänzung (das Prädikatsnomen) und die vier Kasusergänzungen zu bestimmen. Da Kasusergänzungen nie durch eine Präposition eingeleitet werden, dürfte dies nicht schwierig sein; denn alles andere würde nur als sonstige Satzglieder bezeichnet werden.

S 24 **Präzisierte Darstellung**

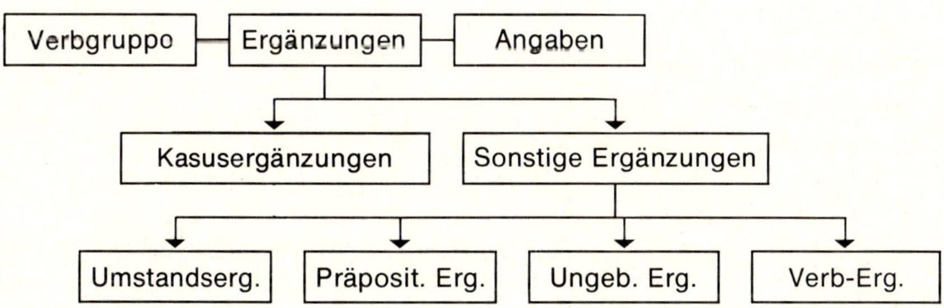

Alle diese Satzglieder können durch Satzgliedteile aufgefüllt werden (S 06, S 39).

S 25 **Verbgruppe** (Prädikat)

Die zentrale Bedeutung des Verbs im Satz wurde bereits in der Verschiebeprobe (S 04) und in der Dependenzprobe (S 05) deutlich.

Zur Verbgruppe gehören die finiten und infiniten Verbformen:

Ich *komme* gern zu dir.
Ich *werde* gern zu dir *kommen*.

S 26 **Ergänzungen** (Allgemeines)

Es sind dies Satzglieder, die nicht in jedem Falle weglaßbar sind, ohne daß der Satz ungrammatisch (nicht sprachrichtig) würde. Sie sind an bestimmte Verben gebunden

Karin holt *Wein*.

Der Satz Karin holt wäre ungrammatisch, Wein ist nicht weglaßbar und daher eine Ergänzung.

Angaben sind demnach alle Satzglieder, die weglaßbar sind, ohne daß der Satz ungrammatisch würde. Sie können bei fast jedem beliebigen Verb vorkommen.

S 27 **Valenz bei Verben**

Die Anzahl und Art der Ergänzungen wird durch die quantitative und qualitative Valenz von Verben bestimmt. Valenz ist die spezielle Eigenschaft eines Teils der Wörter einer Wortklasse, andere an sich zu binden

Quantitative Valenz

Sie sagt uns, wieviele Ergänzungen ein Verb zu sich nehmen kann.

Valenzgrad 0	[V]	*Es* schneit.
Valenzgrad 1	(E) – [V]	*Vater* arbeitet.
Valenzgrad 2	(E) – [V] – (E)	*Maren* holt *Bier*.
Valenzgrad 3	(E) – [V] – (E) – (E)	*Ich* bringe *ihm das Rad*.
Valenzgrad 4	(E) – [V] – (E) – (E) – (E)	*Er* legt *ihm das Heft auf den Tisch*.

Qualitative Valenz

Sie gibt an, was für Ergänzungen ein Verb zu sich nehmen kann.
brauchen nimmt zu sich eine Nominativ- und eine Akkusativergänzung:

Der Maler braucht *den Pinsel*.

geben nimmt zu sich eine Nominativ-, eine Dativ- und eine Akkusativergänzung:

Er gibt *dem Lehrling den Pinsel*.

S 28 **Kasusergänzungen**

Es sind dies Wörter oder Wortgruppen, die in einem bestimmten Fall stehen und vom Verb regiert werden. Nie werden sie durch eine Präposition eingeleitet.

S 29 **Nominativergänzung** (Subjekt, Satzgegenstand)

Sie wird auch Subjektnominativ, Nominativobjekt oder Subjekt (S 08) genannt:

Der Fahrer bremste.

S 30 **Genitivergänzung**

Sie wird auch Objektsgenitiv oder Genitivobjekt genannt (siehe S 14):

Ich bedarf *des Trostes.*

S 31 **Dativergänzung**

Man nennt sie auch Objektdativ oder Dativobjekt (S 13):

Ich überreiche *dem Geburtstagskind* die Blumen.

S 32 **Akkusativergänzung**

Sie wird auch Objektakkusativ oder Akkusativobjekt (S 12) genannt:

Er holt *den Wein* aus dem Keller.

S 33 **Umstandsergänzungen** (bei vereinfachter Darstellung ,,Sonstiges")

Sie ähneln den Umstandsbestimmungen der traditionellen Syntax (S 17) und werden manchmal auch Adverbialobjekte, Adverbialergänzungen oder Adverbiale genannt. Der Form nach sind sie

entweder	Präpositionalausdrücke:	Ich fahre *nach Mallorca.*
oder	Adverbien:	Ich fahre *dorthin.*

Nicht immer ist die Weglaßbarkeit eindeutig. Die Grenze zu den Angaben ist fließend.

S 34 **Präpositionale Ergänzungen** (bei vereinfachter Darstellung ,,Sonstiges")

Sie könnten leicht mit den Umstandsergänzungen verwechselt werden. Aber bei Umstandsergänzungen sind verschiedene Präpositionen möglich. Bei Präpositionalergänzungen jedoch ist nur eine bestimmte Präposition möglich, die nicht wegfallen kann:

Er *denkt an* meinen Geburtstag.
Wir sprechen *über die* Klassenfahrt.

S 35 **Ungebundene Ergänzungen**

Sie werden auch Neutralia genannt. Dazu gehören die Einordnungs- und die Artergänzung.

Einordnungsergänzung

Man nennt sie auch Gleichsetzungskasus, Prädikatsnomen, Prädikatsnominativ, Prädikatsakkusativ, Gleichsetzungsnominativ bzw. Gleichsetzungsakkusativ.

Der Kasus der Einordnungsergänzung richtet sich nach einer im Satz bereits vorhandenen Kasusergänzung:

Herr B. ist *ein reicher Mann.* (Nominativ)
Alle nennen Herrn B. *einen reichen Mann.* (Akkusativ)

S 36 **Artergänzung**

Sie ist kasuslos und wird auch Prädikatsnomen genannt:

	ist	
Er	wird	*reich.*
	bleibt	
	scheint	

S 37 **Verb-Ergänzung** (bei vereinfachter Darstellung ,,Sonstiges")

Solche Ergänzungen bestehen aus Verben, die von der Verbgruppe abhängig sind:

Wir gehen *tanzen.*

S 38 **Angaben** (bei vereinfachter Darstellung ,,Sonstiges")

So nennt man Satzglieder, die man weglassen kann, ohne daß der Satz ungrammatisch würde. Sie sind fakultativ.

An schönen Sommertagen fuhr Herr B. oft des Abends mit seinem alten Auto fröhlich nach Neustadt.

Auch im Sinne der Valenz (S 27) wären Ergänzungen:

Herr B.	fuhr	*nach Neustadt.*
E	V	E

Alle übrigen Satzglieder wären weglaßbar und damit Angaben:

an schönen Sommertagen
oft
des Abends
mit seinem alten Auto
fröhlich

S 39 **Attributive Satzgliedteile**

In S 06 wurden sie als ,,den Satzgliedern untergeordnet" bezeichnet, da sie bei der Verschiebeprobe (S 04) immer nur mit ihrem Nomen gemeinsam umgestellt wurden.

Wir können sie mit den Attributen der traditionellen Syntax vergleichen (S 22):

die *frischen, grünen* Salatköpfe *des Händlers*
die Salatköpfe *auf dem Marktwagen*
der Händler *dort*

S 40 **Nicht-attributive Satzgliedteile**

1. abhängig von unmittelbar verbabhängigen Adjektiven:
   Er ist *auf seinen Freund eifersüchtig.*
2. abhängig von unmittelbar verbabhängigen Adverbien:
   Sie wartet *draußen vor der Tür.*
3. abhängig von verbabhängigen Verben:
   Wir sehen sie *gern tanzen.*

Satzbaupläne der funktionalen Syntax

S 41 **Grundformel Hauptsatz** (Aussagesatz)

In der Planung /	vertrat /	B. seine Meinung mit Nachdruck.
1. Satzglied	Verb. fin.	0, 1, 2, 3 .... Satzglieder
G (für Glied)	V fin	S (für Sequenz = Folge)

1 — V fin — x

Bei allen Verschiebungen bleibt das V fin in der Stelle 2 in der Satzachse.

S 42 **Grundformel mit Konjunktion**

Konjunktionen verdrängen kein anderes Satzglied aus der Erststelle vor dem V fin.

Auch ich war ein Jüngling im lockigen Haar.

(K) + 1 — V fin — x

S 43 **Grundformel mit V fin und V infin**

Aber Herr B. hat seine Meinung mit Nachdruck vertreten.

(K) + 1 — V fin — x — V infin

S 44 **Frage- und Aufforderungssatz**

Kommt ihr morgen?
Kommt morgen!
Hast du die Vorbereitungen beendet?

Hier tritt das V fin an die Erststelle:

V fin – x – (V infin)

S 45 **Wörtliche Rede**

„Ich komme bald“, sagte er.

Die wörtliche (direkte) Rede tritt an die Stelle des Satzgliedes 1.

1 – V fin – x

S 46 **Verbumklammerungen** (Verbzusatz = Vz)

ankommen – ich komme an
anerkennen – ich erkenne an

Herr B. erkannte die Mehrheitsmeinung an.

1 — V fin — x — Vz

Heute schon möglich: Herr B. anerkannte die Mehrheitsmeinung.

S 47 **Scheinbares Fehlen des Erstgliedes**

Aus dem Vergleich der folgenden Sätze wird deutlich, daß der Gliedsatz an die Stelle des Erstgliedes tritt:

Bei Sonnenuntergang erreichten wir die Herberge.

Als die Sonne unterging, erreichten wir die Herberge.

1 — V fin — x

Alle Satzglieder lassen sich in Gliedsätze und umgekehrt verwandeln, wie die folgenden Beispiele beweisen:

Er ist *der Sprecher.*
Er ist es, der spricht.

Schwätzer lügen oft.
Die viel schwätzen, lügen oft.

Ein *fleißiger* Schüler wird gelobt.
Ein Schüler, der fleißig ist, wird gelobt.

Krieg verzehrt *die Werke des Friedens.*
Krieg verzehrt, was der Friede beschert.

Der Mensch lernt *nie* aus.
Der Mensch lernt nicht aus, solange er lebt.

Wegen meiner Erkrankung komme ich nicht.
Ich komme nicht, weil ich krank bin.

S 48 **Die Stellung der Satzglieder im Satz**

Endlich erreichte ich den Frankfurter Flughafen.
Den Frankfurter Flughafen erreichte ich endlich.

Solche Anordnungen werden gefühlsmäßig gesteuert und richten sich nach der Sprechsituation, nach der Redeabsicht, nach der persönlichen (subjektiven) Einstellung des Sprechers.

Genauere Hinweise und Regelmäßigkeiten siehe:
Schulz-Griesbach, Grammatik der deutschen Sprache, Hueber, München 1960, S. 352–391 ff.

S 49 **Formel für Gliedsätze**

Fügteil	unbestimmte Zahl von Satzgliedern	(V infin)	V fin
..., obgleich	sie sich heute mit Hans	verabredet	hatte.
..., der	immer wieder bei ihr		anrief.
..., wohin	sie der Arzt nach der Untersuchung	geschickt	hatte.

F — x — (V infin) — V fin

Das Verb steht trotz der verschiedenen Inhalte in Gliedsätzen immer in der Endstellung.

S 50 **Variante: fügteilloser Gliedsatz** (indirekte Rede)

Hier herrscht wieder das Grundschema (S 41):

Er erklärte, er habe den Unfall nicht verschuldet.

1 — V fin	— x —	V infin

S 51 **Satzwertige Infinitive und Partizipien**

Auch sie sind lediglich Umformungen von Gliedsätzen.

Er beschloß, daß er morgen zum Arzt gehen werde.
Er beschloß, *morgen zum Arzt zu gehen.*

Er ging, indem er lauter und immer lauter lachte.
Er ging, *lauter und immer lauter lachend.*

S 52 **Aufzählung von Gliedsätzen**

Wir kennen bereits die Aufzählung mehrerer gleichartiger Satzglieder oder Satzgliedteile:

Amsel, Drossel, Fink und Star
Der alte, gebeugte, weißhaarige Mann

Ebenso können gleichartige Gliedsätze aufgezählt werden:

Als das Gewitter kam, als die Blitze zuckten und als endlich dicke Tropfen fielen, atmete alles auf.

Die Subjunktion braucht dabei nicht wiederholt zu werden:

Als das Gewitter kam, die Blitze zuckten und endlich dicke Tropfen fielen, atmete alles auf.

S 53 **Aufzählung von Hauptsätzen** (Satzreihe)

1. Unverbunden (asyndetisch)
   Der Gegner ist spielstark, wir müssen aufpassen.
   Der Stürmer köpfte, der Torwart hechtete in die Ecke.
2. Verbunden (syndetisch)
   Alle lärmten, *selbst* Karin schrie.
   Der Stürmer köpfte, *aber* der Torwart hechtete in die Ecke.

Satzverbindende Konjunktionen: (siehe W 77)

S 54 **Satzgefüge**

Satzgefüge bestehen aus der Verknüpfung eines Hauptsatzes mit einem oder mehreren Gliedsätzen, die mit ihren Aussagen den Inhalt des Hauptsatzes ergänzen:

Beispiel 1: Die Gliedsätze sind gleichwertig

a) Wir wissen, daß die Erde rund ist und daß sie um die Sonne kreist.
b) Wir wissen, daß die Erde rund ist, daß sie sich um ihre Achse dreht und daß sie außerdem um die Sonne kreist.

Beispiel 2: Der 2. Gliedsatz ist vom 1. Gliedsatz abhängig

Er behauptete, daß er aus Hamburg komme, das seine Vaterstadt sei.

Beispiel 3: Mehrfache Abhängigkeit

Denn sie fährt, obgleich es in Strömen regnet, Trost suchend zu ihm.
(K^1) + 1 — V fin^1, F^2 — x^2 — V fin^2, — x^1
weil er, der selbst so viel erlitten hat, ihr wirklich hilft.
F^3 — x^3, F^4 — x^4 — V infin^4 – V fin^4 — x^3 — V fin^3.

Einschübe dürfen jedoch die Spannkraft des Hauptsatzes nicht überfordern. Falsch wäre:

> *Unsere Gruppe kam endlich,* nachdem wir, die wir so fröhlich aufgebrochen waren, leider stundenlang umhergeirrt waren, weil wir keinen Kompaß hatten, *in der Herberge an.*

S 55 Gliedsätze, eingeteilt nach ihrer Verknüpfung

der Relativsatz
verknüpft durch:
der, die, das,
welcher, welche, welches,
wer, was,
wo, woraus, woran,
wofür, womit

der indirekte **Fragesatz**
verknüpft durch:
Fragefürwörter
und „ob"

die Subjunktionalsätze

der Lokalsatz
verknüpft durch:
wo, woher, wohin

der Temporalsatz
verknüpft durch:
nachdem, als, sobald,
bevor, bis, solange,
während

der Kausalsatz
verknüpft durch:
weil, da, daß

die Modalsätze
verknüpft durch:
indem, dadurch daß,
ohne daß, als ob

der Konsekutivsatz
verknüpft durch:
daß, so daß, ohne
daß

der Konditionalsatz
verknüpft durch:
wenn, falls, ohne daß,
sofern, es sei denn
daß, unter der Vor-
aussetzung daß

der Konzessivsatz
verknüpft durch:
obgleich, obschon,
obwohl,
wenn auch,
wie sehr auch

der Komparativsatz
verknüpft durch:
wie, so wie, je, als ob,
als wenn, als
(= gleichsam als)

der Finalsatz
verknüpft durch: damit, daß, auf daß

Zu Entstehung (siehe auch S 47)
Zur Wortlehre (siehe W 76, W 78)

Verkürzte Nebensätze (siehe auch S 51)

a) Infinitivsatz mit „zu" – „um zu" – „anstatt zu" – „ohne zu"
b) Partizipialsatz, gebildet mit beiden Partizipien

Der sog. Beisatz (Apposition), steht als nachgestellte Beifügung (Attribut) in demselben Fall wie das Beziehungswort (siehe S 22)

S 56 **Satzperiode**

Eine Satzperiode enthält ebenmäßig, oft kunstvoll gebaute Reihungen:

> Das Haus, *wo* du geboren *wurdest,* der Hof oder der Garten, *wo* du als Kind *gespielt hast,* die Straßen, *die* du täglich *entlanggegangen bist,* die Wiesen und Felder, *auf denen* du Blumen *gepflückt hast: das alles ist längst Erinnerung geworden.*

S 57 **Dependenzmodell**

Für den Satz

> Der Wassersprenger befeuchtet den Rasen

würde es nach der Valenzlehre quantitativ heißen:

(E) – [V] – (E) = Valenzgrad 2

Als Dependenzmodell hieße es:

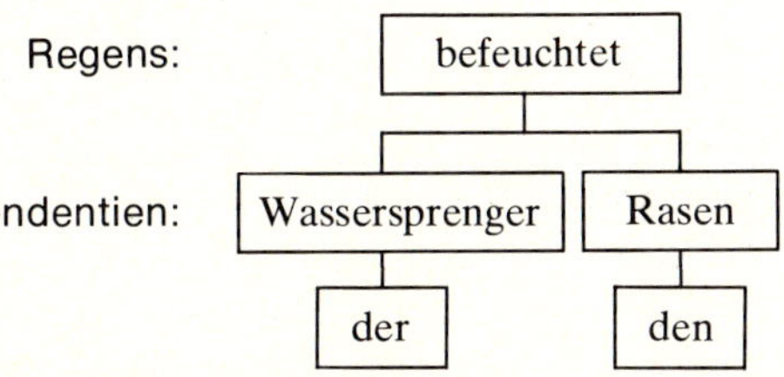

Die heute üblichsten Darstellungen werden der Konstituentengrammatik und der generativen Grammatik entlehnt.

S 58 **Konstituentengrammatik**

Die Konstituentengrammatik will mit einem System graphischer Symbole zeigen, wie sich ein Satz aus seinen Elementen, seinen Konstituenten zusammensetzt. Dabei geht sie jedoch nicht von diesen Elementen aus, sondern vom Satzganzen. Dieses wird schrittweise in immer kleinere Teile zerlegt.

Die Struktur der Sätze verdeutlicht sie durch den Satzbaum, auch Baumgraph, Stemma, Phrasen-Marker oder P-Marker genannt.
Die Tiefenstruktur ihrer Sätze enthält natürlich die Hauptkonstituenten oder Basisglieder Subjekt und Prädikat. Hier werden sie nach den Wortkategorien als Nominalphrase (phrase = Ausdruck) und Verbalphrase bezeichnet.

Darstellungsbeispiel in Grobstruktur

Eingangssymbol: für Satz verwendet man S
Hilfssymbole: Nominalphrase = NP, Verbalphrase = VP
Endsymbole: Besetzungen der Glieder = Art, N, V usw.

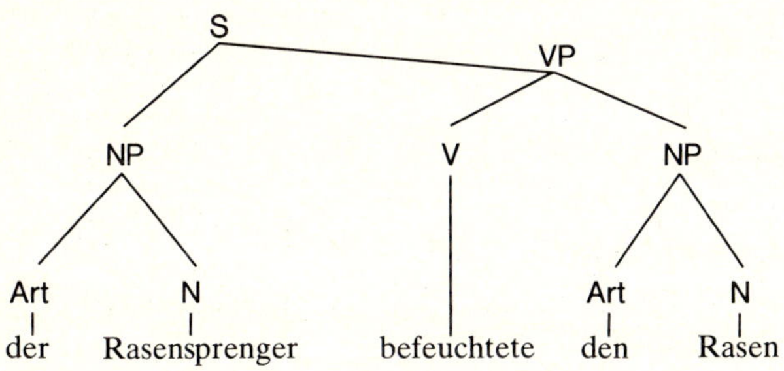

S 59 **Generative Grammatik**

Legt man auf den Grundsatz der Hervorbringung (Generativitätsgrundsatz) Wert, so wird aus der Konstituentengrammatik die generative Grammatik. In ihr werden die

Operationszeichen → = ersetze durch + = verknüpfe
wichtig.

Symbole und Operationszeichen ergeben den Formationsteil.

Formationsteil

Die Symbole für die Besetzungen werden der traditionellen Grammatik entlehnt. (S, NP, VP siehe oben.)

1. S → NP + VP
2. VP → V + NP
3. NP → { Art, N / PossPr, N }

Um nun Sätze zu erzeugen, wird das Lexikon notwendig.

Das „Lexikon"

Art: der, ein, die, ...
N[1]: Wassersprenger, Mädchen, Mutter, ...
N[2]: Wiese, Buch, Tisch, ...
PossPr: unser, mein, dein, ...
V: befeuchten, kaufen, polieren, ...

Der Satzbaum

Er entsteht nunmehr aus Formationsregeln und Lexikon.

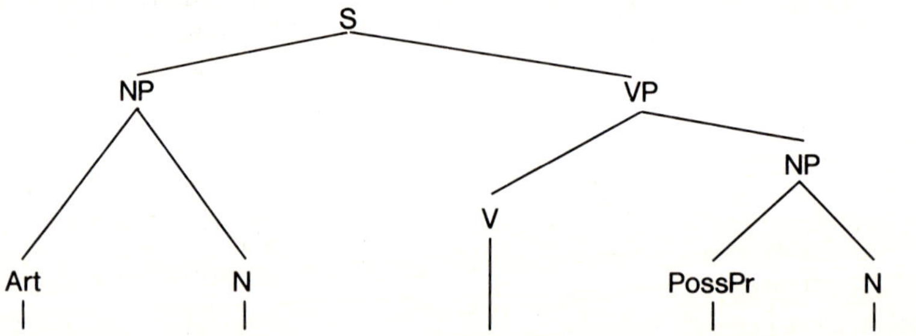

Der	Rasensprenger	befeuchtet	unsere	Wiese
Ein	Mädchen	kauft	mein	Buch
Die	Mutter	poliert	deinen	Tisch

Zwar ist die Anzahl der Wörter im lexikalischen Teil nicht unbegrenzt, und auch die Anzahl der Baugesetze ist endlich.
Aber durch die Anwendung solcher Gesetze können wir unendlich viele Sätze bilden.

S 60 **Detailliertere Angaben im Formations- und Lexikonteil**

Um ungrammatische Hervorbringungen zu vermeiden, kann man im Formations- und Lexikonteil präzisieren. Dazu vermehrt man die Zahl der Symbole, z.B. durch

zählb. = zählbar	+ = vorhanden	V itr = intrans. Verb
menschl. = menschlich	– = nicht vorhanden	refl. = reflexiv
bel. = belebt	O = Kontext gleichgültig	# Satzbegrenzung
Nom = Nominativ	Präs = Präsens	Konjunktiv u.a.m.

Ein Formationsteil sähe nunmehr so aus:

S → NP + VP
NP → Art + N
Art → + Art, – best.
N → + N, + zählb., + bel., – menschl.
VP → V
V → + V, – trans., – refl., O#

Ein Lexikon:

+ Art, – best. → (ein)
+ N, + zählb., + bel., – menschl. → (Löwe)
+ V, – trans., – refl. → (brüllt)

Satzbaum:

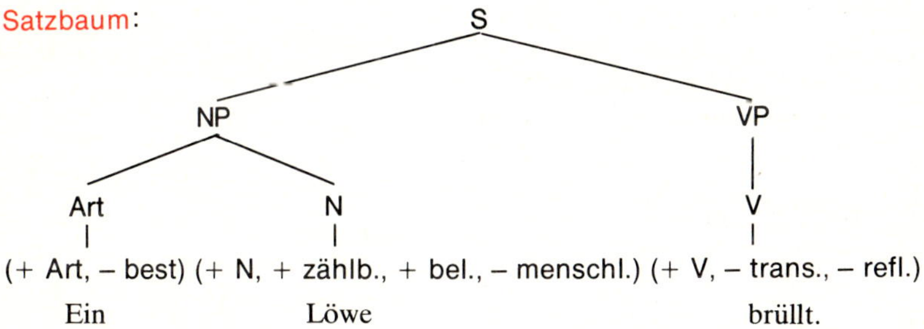

S 61 **Transformationsgrammatik**

Die Transformationsgrammatik ist eine Fortsetzung der Konstituentengrammatik. Sie analysiert durch das Nebeneinanderstellen verschiedener Satzstrukturen, welche Veränderungen bei Transformationen (Umformungen) vor sich gehen. Die Sätze

Der Ball trifft das Tor.
Das Tor wird vom Ball getroffen.

sind in ihrer Tiefenstruktur identisch, in ihrer Oberflächenstruktur verschieden.

Dies gilt auch für folgendes Beispiel:

Der Regen klopft an mein Fenster.
Ich höre, daß der Regen an mein Fenster klopft.

Transformationen sind uns schon aus der Verschiebeprobe (S 04) bekannt. Auch dort ändert sich die Oberflächenstruktur, während die Tiefenstruktur natürlich gleich bleibt.

Transformationen können durch Transformationsbeschreibungen „befohlen" werden.

1. Beispiel: Permutation innerhalb eines Hauptsatzes

Michael	fährt	heute	nach Hamburg.
NomE +	V fin +	adv. A +	adv. E

Der Befehl lautet nun:	adv. A +	V fin +	NomE +	adv. E
Die Ausführung:	Heute	fährt	Michael	nach Hamburg.

2. Beispiel: Gliedsatztransformation

Das neue Auto	bringt	der Weihnachtsmann.
AkkE +	V fin +	NomE

Der Befehl lautet: # Subj. + NomE + AkkE + V fin

Die Ausführung:

Ich hoffe,	daß	der Weihnachtsmann	ein neues Auto	bringt.
	Subj. +	NomE +	AkkE +	V fin

Register:

P	Partikel	unflektierbares Wort	W 05, W 62 – W 80
	Partizip	Mittelwort	W 09
	Partizipsatz		S 51
	Passiv	Leideform	W 11
	Perfekt	vollendete Gegenwart	W 18
	Permutation	Verschiebeprobe	S 04, S 61
	Person		W 10
	Personalpronomen	persönliches Fürwort	W 53
	Phon	kleinste Einheit der Rede	L 08
	Phonem	kleinste Einheit des Sprachsystems	L 07
	Phonetik	Lautlehre	L 01 – L 09
	Phrasenmarker	Satzbaum	S 58
	Pluraletantum	Hauptwörter, die nur im Plural vorkommen	W 44
	Plusquamperfekt	vollendete Vergangenheit	W 19
	Positiv	Grundstufe	W 49
	Possessivpronomen	besitzanzeigendes Fürwort	W 55
	Potentialis	Möglichkeitsform	W 27
	Prädikat	Satzaussage	S 09, S 25
	Prädikatsnomen	Aussagewort, Artergänzung	S 09, S 35, S 36
	Präfix	Vorsilbe	L 08
	Pränominal		W 52
	Präposition	Verhältniswort	W 71 – 75
	Präpositionales Attribut	Beifügung mit Verhältniswort	S 22
	Präpositionale Ergänzung	Ergänzung mit Verhältniswort	S 34
	Präpositionales Objekt	Satzergänzung mit Verhältniswort	S 15
	Präsens	Gegenwart	W 16
	Präteritum	Vergangenheit	W 17
	Pronomen	Fürwort	W 52 – W 60
R	Reflexivpronomen	rückbezügliches Fürwort	W 58
	reflexive Verben	rückbezügliche Zeitwörter	W 34
	Regens	Satzglied, von dem andere abhängig sind	S 05, S 57
	Relativadverb	Umstandswort, das eine Beziehung ausdrückt	W 67
	Relativpronomen	bezügliches Fürwort	W 57
	Relativsatz	bezüglicher Satz	S 55
S	Satzaussage		S 09, S 25
	Satzbauplan		S 41, S 58, S 59, S 60
	Satzgegenstand		S 08, S 29
	Satzgefüge		S 54
	Satzglieder		S 03 – S 38
	Satzgliedteile		S 06, S 39, 40
	Satzperiode	ebenmäßig geordnete Reihung von Satzgliedern	S 56
	Semantik	Wortbedeutungslehre	W 01
	Silbe		E 03
	Singularetantum	Hauptwörter, die nur im Singular vorkommen	W 44
	Steigerung		W 49
	Stemma	Satzbaum	S 58